Erich Legler

GEH ZUR QUELLE
Wallfahrt nach Lourdes

Kunstverlag Josef Fink
Hauptstraße 102 b
88161 Lindenberg
Telefon (0 83 81) 8 37 21
Telefax (0 83 81) 8 37 49
Internet www.kunstverlag-fink.de
E-Mail info@kunstverlag-fink.de

1. Auflage 2008
© Kunstverlag Josef Fink, Lindenberg
ISBN 978-3-89870-469-4

Ein vollständiges Verzeichnis unserer Reihe
„Kleine Kunstführer" (mit Bestellmöglichkeit)
finden Sie auf der Verlagswebsite
www.kunstverlag-fink.de (unter „shop").

Dank an Frau Dr. Irmgard Jehle für die hilfreichen Hinweise.

Layout: Georg Mader, Weiler im Allgäu
Gesamtherstellung: Longo AG, Bozen

INHALT

Erich Legler

Geh zur Quelle

Wallfahrt
nach Lourdes

Kunstverlag Josef Fink

I. Weg-Gedanken zur Wallfahrt

Wir Menschen sind Leute des Weges (Apg 9,2). Fremdlinge sind wir – von dieser Erde genommen, in der Welt lebend und doch nicht für sie bestimmt (1 Petr 2,11). Pilger sind wir auf der Suche nach unserer bleibenden und erfüllenden Heimat. Über-uns-Hinauswollende sind wir zum Mehr, zum Alles, zu Gottes Ewigkeit berufen. – Deshalb müssen wir Gottes Ruf / Anruf folgen. Müssen abbrechen und aufbrechen und ausbrechen, Altes hinter uns lassend und nach Neuem auslangend. Gehen und Unterwegsbleiben ist uns aufgegeben – immer dem nach, der von sich sagen kann: Ich bin der Weg, der euch führt; ich bin die Wahrheit, nach der ihr fragend sucht; ich bin das Leben, das euch erfüllt und glückselig macht (nach Joh 14,6).

Wir dürfen nicht bleiben, wo wir gerade sind. Unser Weg ist noch nicht zu Ende und schon gar nicht am Ziel. Gott will uns noch näher bei sich haben. Wir sind geheißen, weiter zu gehen und den Weg zu wagen – der Sehnsucht unseres Herzens nach, dorthin, wo Gott auf uns wartet.

Es gibt einen, der mit uns geht, gleich, wann und wohin. Es gibt einen, der uns Kraft und Halt ist, gleich, was wir durchzustehen haben. Es gibt einen, der mit uns das Pilger-Brot, die Weg-Zehr teilt, gleich, wie bedürftig und hungrig wir sind. Es gibt einen, der uns das Leben gibt, gleich, wie viele Tode wir schon gestorben sind. Es gibt einen, der bei uns bleibt, gleich, welchen Weg wir noch zu gehen haben. Es ist Jesus, der Christus, unser Retter und unser Bruder, dem wir vertrauen können.

Unser verheißener Weg weist uns von den Niederungen zum Berg, vom Leid zur Tröstung, vom Dunkeln ins Licht, vom Kreuz zur Erlösung, vom Tod zum Leben, von unserer Not in die umfangenden Arme unseres Gottes.

Das Unterwegssein und Wallen, das Schweigen und Hören, das Beten mit den Füßen und mit dem Herzen ist der Gottesdienst der Pilger, ist unser Lobpreis an den, der ruft: Komm, komm näher, komm in meine Weite, in mein Leben, in mein Heil!

Die Liebe ist die Bewegung des Herzens: Sie ist stark und lebendig, sie ist gut. Sie ist die Bewegung Gottes in uns – zu den Menschen und zu ihm hin.

Es ist uns aufgegeben, die Last des andern mit zu tragen – mit der Schulter, die wir gerade frei haben; mit der Kraft, die uns heute gegeben ist; mit der Liebe, die wir jetzt verschenken können.

Krankheit ist eine Sprache, in die wir uns lange hineinhören und die wir geduldig buchstabieren lernen müssen. Dann erschließt sie sich uns; dann beginnen wir zu ahnen, dass sie Anruf und Aufruf ist, uns zu bekehren und zu verändern; dass sie ein schmerzlicher Lernvorgang ist zu unserer Reifung und zu unserer Menschwerdung. Die Kreuze erhöhen in der Musik (so Beethoven), das Leiden erhöht unser Leben. Seitdem Jesus für uns gelitten, ist nichts umsonst, keine Not, keine Angst: Das Leiden ist zum Ort Gottes geworden.

Lourdes, Lichterprozession auf der Esplanade, dem „Königsweg"

Blick zur Burg und Stadt Lourdes

Wer glaubt, der bleibt (Joh 3,16). Wenn ich mich Gott zu geben und zu übergeben bereit werde, dann übernimmt er meine Sorge; dann erinnert er sich, dass ich sein Kind bin.

Gott, füll du meinen Becher an der heiligen Quelle. Ich halte ihn dir bittend hin. Füll ihn mit dem Trank deiner Erbarmung, der nach dir schmeckt!

II. Aus dem Leben von Bernadette Soubirous

1. Lourdes

Vor einhundertfünfzig Jahren, um die Mitte des 19. Jahrhunderts, war Lourdes (420 m ü. d. M.) ein Marktflecken mit gerade einmal 3400 Einwohnern, verträumt und wenig beachtet, gelegen in einer reizvollen Landschaft, der sog. Bearn-Bigorre am Fuß der Pyrenäen mit ihren ersten Vorbergen. Der Stolz des Städtchens war die Burg, welche über die Zugänge zu den Hochtälern wachte (mit herrlichen Ausblicken) und manches Schicksal im Lauf der Geschichte erfahren hat; während der Französischen Revolution wird sie Volksgefängnis, später zur Kaserne; jetzt birgt sie das Pyrenäenmuseum.

Heute gehört Lourdes zu den bedeutendsten und vielbesuchten Wallfahrtsorten der Christenheit,

4. — LOURDES.
Moulin où est née Bernadette Soubirous

Die Mühle Boly am Lapaca-Bach; hier hat die Familie von Bernadette gelebt und gearbeitet

zählt ca. 15 000 Einwohner und lebt fast ausschließlich von den 6 Millionen Pilgern und Besuchern (davon 80 000 Kranke) in jedem Jahr, die in den 16 000 Gästezimmern, in Hospizen, Hotels und Pensionen unterkommen und versorgt werden. Lourdes, ganz im Südwesten Frankreichs, gehört zum Departement Hautes-Pyrénées und zur Diözese Tarbes-Lourdes.

Was zieht die vielen Menschen nach Lourdes? Ist es „Das Lied der Bernadette", das der Schriftsteller Franz Werfel 1941 als Dank für die behütete Flucht vor den Nazis geschrieben und den Menschen bekannt gemacht hat? Sind es die „Wunderheilungen", von denen berichtet wird und von denen Kranke erhoffen, dass solche auch sie erfahren dürfen? Ist es die besondere Ausstrahlung, die von Lourdes ausgeht und die immer neu anzieht; die abendliche Lichterprozession, die Krankensegnungs-Gottesdienste? Sind es die vielen Leiden der Leidenden, die hier zusammenkommen und die oft genug verwandelt werden in Tröstung und neue Zuversicht? Ist es die geheimnisvolle Grotte, in der das einfache und bescheidene Mädchen Bernadette die „Schöne Dame", ganz in Weiß und im Licht, gesehen hat? Ist es das

reichlich fließende Wasser aus der Quelle, das die „Seherin" auf Geheiß der heiligen Jungfrau entdeckt und ausgegraben hat? All dies zusammen ist es wohl und mehr.

Wer wollte es leugnen, dass es diese Orte gibt? Orte, an denen Menschen, Kranke und Gesunde, Suchende und Fragende, Skeptiker und Glaubende, den göttlichen Bereich ahnen, die deutliche und spürbare Gegenwart Gottes mit seinem Heilswirken erfahren – an sich und an anderen! Viele können davon berichten und bezeugen, dass die Stätten des Gebetes und der Gottesbegegnung, der eigenen Betroffenheit und persönlichen Umkehr Orte sind, an denen sich Himmel und Erde treffen, an denen der Regenbogen des Friedens und des Lebens aufleuchtet, an denen sich Gott uns in Erinnerung bringt. – Für uns heißt das: „Ziehe deine Schuhe aus, denn hier ist heiliger Ort (Ex 3,5)!" Suche in Lourdes bei aller Geschäftigkeit draußen die Stille des Heiligen Bezirkes, höre dich hinein ins Geheimnis, das sich dir mitteilen will! Komm zu dir selbst und vernimm das erlösende und frohmachende Wort, nimm die Zeichen wahr, die sich dir zeigen – besonders auch in der Begegnung mit Leidenden und Kranken. Und lass

Portraitbild von Bernadette Soubirous, 1858

die Wandlung zu, dass du berührt und dankbar als ein anderer Mensch, als ein heil gewordener und versöhnter Christ heimkehren kannst. Dann ist auch an dir und in dir das Wunder von Lourdes geschehen.

Gott, unser Vater, du bist und du bist im Himmel und auf Erden.

Überall lebst und wirkst du, überall und immerfort, auch in meinem Leben.

Du bist um mich, du bist in mir, aus dir lebe ich und bin ich.

Du bist ein Gott des Weges: Du führst mich den Weg, du bist für mich der Weg.

In allem bist du, in der Wolkensäule am Tag, in der Feuersäule bei Nacht,

im sanften Abendwind und in den Stürmen meines Lebens.

An manchen Orten gibst du dich besonders zu erkennen:

Deine Gegenwart und Wirklichkeit, deine Größe und Güte

darf ich dann wahrnehmen, berührt und bewegt, glücklich und dankbar.

Lourdes ist ein solcher Gottes-Ort, an dem du durch Maria, die Jungfrau und Mutter, uns Menschen deine Botschaft zugesagt hast.

Lass die Wallfahrt zum Gnadenort mir zum Segen und zum Heile werden!

2. Die kleine Seherin von Massabielle

Lourdes und Marie Bernard Soubirous gehören zusammen. Die Marienerscheinungen des schlichten

Gebet

Betet allezeit, bittet Jesus die Jünger. Bringt voll Vertrauen alles, euch selbst vor Gott – euer Lob und euren Dank, euer Fragen, eure Klagen, eure Bitten, eure Trauer und euren Jubel.
Denn Einer ist da für uns, immer, in allem – das ist sein Name und Jesu verlässliche Zusage.
Dann übergebt, lasst los, was ihr selbst nicht zu lösen und zu tragen die Kraft habt.
Werft eure Sorgen auf den Herrn, singt ihm zur Freude: Halleluja!
Und glaubt: Gott ist uns gut und will uns gut!

Mädchens in der zweiten Hälfte des 19. Jahrhunderts, vom 11. Februar bis 16. Juli 1858, haben den Ort erst bekannt- und zum Wallfahrtsort gemacht.

Bernadette – so wurde sie genannt und gerufen – ist am 7. Januar 1844 geboren worden in der alten Boly-Mühle am Lapaca-Bach (zu Lourdes gehörend). Sie war das erste Kind – deshalb „Erstgeborene und Erbin" – vom Müller François Soubirous (37 Jahre) und seiner Frau Louise geb. Casterot (19 Jahre). Die Eltern waren sehr glücklich über das angekommene „Wunschkind". Der Vater, in seiner Art selbstbewusst und schweigsam, und die Mutter, sanft und geduldig, gaben Bernadette ihre liebende und sorgende Zuwendung, eine Erst- und Urerfahrung, die ihrem Kind lebenslang Geborgenheit und Vertrauen gab. Stets war das Familienleben von festen christlichen Traditionen geprägt, sie haltend auch in schweren Zeiten. Zehn Jahre etwa lebten die Müllersleute im bescheidenen, aber zufriedenen Glück.

Als Vierzehnjährige erfährt Bernadette ihre Berufung und wird von da an ganz von der Botschaft der Jungfrau Maria geleitet. In achtzehn Visionen, die immer mit der Ekstase verbunden waren, sieht sie die

Armut

Schwester im grauen Bettelgewand, nicht begehrt und nicht geachtet,
Wundmal des entblößten und geschundenen Herrn.

Armut: Seliggepriesen von Jesus, der alle liebhat, die wissen, dass sie arm sind vor Gott:
Dürftig am Leibe, begrenzt in Einsicht und Erkenntnis
und hungrig in der Seele
nach dem Mehr, nach dem Alles. –

Du gesegnete Armut,
mach uns frei und gelöst.
Was wir Gott bringen können,
ist nicht viel: Nur uns selbst.

„Schöne Dame" in der Grotte von Massabielle und vernimmt ihre Mitteilungen, die sie jedoch, nur für sie gesagt, niemandem weitersagt. Bernadettes weiteres Leben ist von Einfachheit, Armut und Krankheit gezeichnet. Sie wählt zunächst die Zurückgezogenheit im Hospital der Stadt, um nach den Visionen den aufsässigen Ausfragern in Lourdes zu entkommen. Dann entscheidet sie sich nach redlicher Prüfung im Jahr 1866 für das klösterliche Leben bei den „Schwestern der Barmherzigkeit" im Mutterhaus Saint-Gildard zu Nevers/Mittelfrankreich (etwa 800 km von Lourdes entfernt).

Bernadette gibt nach schwerem körperlichen und seelischen Leiden am 16. April 1879 mit 35 Jahren ihr Leben Gott zurück, ergeben dem Willen ihres himmlischen Vaters. Von den Menschen hochverehrt, wird sie am 5. August 1925 durch Papst Pius XI. seliggesprochen und am 8. Dezember 1933 in Rom zur Ehre der Altäre erhoben.

Bernadette ist keine Heilige des Außerordentlichen und Besonderen. Sie lebt das Geheimnis des Dienens, der schlichten Gottesfürchtigkeit, der Armut, des Leidens: Sie war als Kind schon für die anderen da, für ihre nachkommenden Geschwister, für ihre Familie, als Haushalthilfe und Hirtin in der Fremde, später als Hilfspflegerin und Schwester für die Kranken; sie lebt aus dem Evangelium, von den Geschichten Jesu, die ihr als Kind schon daheim erzählt wurden; ihre Gottbeziehung ist ein vertrauender Gehorsam: Der himmlische Vater wird es schon recht machen; ihre auf sie gekommene und von ihr angenommene Armut entsteht aus

der Kargheit und Einfachheit, in die ihre Familie hineingeraten ist; das Leiden geht mit ihr ein Leben lang und wird ein Teil von ihr durch Unterernährung, durch Asthma und Atemnot, durch ein tuberkulöses Kniegeschwür, durch ein schmerzhaftes Aufgelegensein in ihrer letzten Lebenszeit. „Ich werde gemahlen wie der Weizen", sagt sie einmal von sich selbst. Und: „Wenn der liebe Gott das alles zulässt, dann haben wir uns nicht zu beklagen."

Herr-Gott, es ist oft deine Art, Menschen in deinen besonderen Dienst zu rufen, die klein und arm und schwach sind. Du beschämst durch sie die Großen und Reichen und Mächtigen. Und erzeigst dich als der Gott, der auch aus Steinen Kinder Abrahams erwecken kann (Mt 3,9).

Bernadette, armselig und gering, hat sich von dir berufen lassen und sich in allem deiner Weisung überlassen. Sie hat auf dich – im Wort Marias – gehört. Sie hat mit sich tun lassen und ist so zur Weiserin geworden für die Menschen damals und für uns Menschen heute. Sie zeigt uns, dass wir nicht aus eigener Kraft und mit eigener Intelligenz unser Leben und das Leben der Welt allein gestalten können. Dazu braucht es deine Weisung, unter die wir uns geben, und deinen Impuls, der uns be-

wegt, und deinen Geist, der uns erfüllt und bestimmt. Gib uns die Erkenntnis und die Anerkenntnis, dass auch uns deine Gnade genügt (nach 2 Kor 12,19), um dich durch unser Leben zu ehren und dir in den Menschen zu dienen – zu ihrer Versöhnung und zu ihrem Frieden.

3. Geprüft und gewogen ...

Die junge Familie Soubirous, zufrieden und froh wie sie anfangs war, wird bald vom Kreuz gezeichnet, wird ins Leiden Christi genommen. Da war die Armut. Obwohl der Müller François ein schaffiger Mann war, fehlte das Geld, er brachte es auf keinen grünen Zweig.

Die Kunden blieben das Mühlegeld schuldig, trotz der Anmahnungen. Dennoch wurden die Bettler nicht vor der Türe stehengelassen. Die gastfreundlichen Müllersleute hatten für sie und für alle vorbeikommenden Besucher immer etwas bereit, ein Stück Brot, eine Schnitte Käse, einen Schluck Wein.

Dazu kam eine Verkettung von schwer Belastendem. Im November 1844 erwartet Mutter Louise ihr zweites Kind. Sie sitzt am wärmenden Feuer. Ein brennender, lichtspendender Span, über dem Herd

Die Mühle Lacadé – das spätere Wohnhaus der Soubirous

aufgehangen, fällt herunter und verbrennt ihre Brust: Die Mama kann Bernadette nicht mehr stillen. Das Kind muss für die nächsten Monate zu einer Amme ins nahe Bartrès gegeben werden; die hatte zuvor ihren kleinen Jean durch Tod verloren. – 1848 passierte es: Beim Spitzen und Schärfen des Mühlsteins trifft ein Steinsplitter das linke Auge des Müllers, das geschädigt und sehschwach bleibt. – In der Zwischenzeit kommen bei den Soubirous weitere Kinder zur Welt, Toinette (1846), Jean-Marie (1851), Justin (1855). Die hungrigen Mäuler sind nicht mehr zu sättigen. Die Familie kann die Pacht für die Mühle nicht mehr aufbringen. Sie muss das Haus verlassen, zieht um, sucht eine neue Existenz in einer unweit entfernten Mühle. Zusätzlich durch Tagelöhnerei versucht Vater Fran-çois ein Zubrot zu verdienen, die Mutter Louise verdingt sich als Wäscherin. Derweil hängt an Bernadette das Hauswesen und die Betreuung der Geschwister. Sie hat weder Zeit noch die Kraft, zur Schule und zum Katechismus-Unterricht zu gehen; sie leidet darunter. –

Im Herbst 1855 geht eine Cholera-Epidemie in Lourdes um und fordert 38 Todesopfer in wenigen Wochen. Bernadettes Gesundheit, ohnehin durch Unterernährung und eine schwache Konstitution angeschlagen, verschlechtert sich von da an; ihr Asthma wird schlimmer. – Im Winter

Der Cachot, der „Kerker" – die Elendswohnung der Familie Soubirous, nachdem sie die Mühle verlassen musste

1855/56 kommt die jetzt Elfjährige bei ihrer strengen Patentante Bernard für ein paar Wochen unter. Ihr hilft sie in der Gastwirtschaft in Bartrès, im Haushalt, auf der Weide bei den Schafen; willig, um den Lohn der Verköstigung. – Die Missernte von 1856 verschlechtert die Situation, besonders die der armen Leute, noch mehr. Bernadette kocht für die Ihren Suppen aus Wiesenkräutern, weil das nötige Brot für den Tag mangelt – und das auf lange Zeit. Es spricht für sich, dass von den acht geborenen Kindern der Soubirous fünf nicht älter werden als zehn Jahre.

Aber der Kreuzweg der Soubirous ist nicht zu Ende. Zahlungsunfähig werden sie auf die Straße gesetzt. Niemand will die Familie haben. Die Behörde weist sie schließlich in den Cachot ein, in ein feuchtes und verdrecktes Loch des ehemaligen Gefängnisses. Sie gehören jetzt zum „Pack", die Leute distanzieren sich von ihnen, sie werden sozial ausgegrenzt.

Im März 1857 kommt zudem die Gendarmerie in den Cachot. Der Vater François wird wie ein Verbrecher in die Untersuchungshaft abgeführt. Der Bäcker hatte ihn bezichtigt, zwei Säcke Mehl gestohlen zu haben. Die Hausdurchsuchung entlastete ihn zwar vom Diebstahl.

Aber eine beim Reisigsammeln mitgenommene Holzbohle wird ihm angelastet. Das Ansehen der Soubirous ist zutiefst gesunken. In ihrer Not aber halten Eltern und Kinder zusammen, im gemeinsamen Abendgebet erfahren sie Trost.

Gott, unbegreiflicher, von dir wird gesagt, dass du die, welche dich kreuzigen, liebst, und die, welche dich lieben, kreuzigst. Warum ist das so, frage ich mich und frage ich dich. Darauf lässt du uns oft ohne Antwort. Das Geheimnis des Kreuzes bleibt dunkel und belastend – bis dein leidender und gekreuzigter Sohn uns erinnert: „Wer mein Jünger sein will, der nehme sein Kreuz auf sich und folge mir nach (Mt 16,24)!" Jesus ging uns voraus in die Angst, in das Leid der Leiden hinein, bis zum bitteren Zerbruch am Schandpfahl. Wenn wir also mit seinem und mit unserem Kreuz belastet werden, dann sind wir dem gekreuzigten Erlöser immer am nächsten, immer an seinem liebenden und ausblutenden Herzen. – Lass uns, wie das auch bei Bernadette und ihrer Familie gewesen ist, das erlösende Kreuz Christi umarmen, ihn umarmen – in heiliger und heilender Gemeinschaft.

4. „Die Schöne Dame in Weiß"

Ein trüber und eisiger Tag war das, der 11. Februar 1858. François Soubirous hat heute keine Arbeit gefunden; deprimiert liegt er auf dem Bett im einzigen Raum vom Cachot. Bernadette bemerkt: „Wir haben kein Holz mehr!" Sie will welches suchen gehen. Ihre Schwester Toinette will mitgehen, das Nachbarkind Jeanne Abadie auch. Aber Mutter Louise wehrt ab: „Es ist draußen zu kalt für euch, besonders für Bernadette mit ihrem starken Husten." Schließlich willigt sie doch ein. Die drei Mädchen gehen dorthin, wo der Mühlbach in den Gave mündet. Da ist die Schweinetränke, wo der oft hochwasserführende Fluss viel Unrat und Holz anspült. In einem späteren Aufschrieb (vom 28. Mai 1861) erzählt Bernadette, was dann geschah. Hören wir sie selbst!

„Ich ging mit zwei anderen Mädchen an der Gave entlang, um Holz zu sammeln. Die zwei überquerten das Wasser und weinten dabei. Ich fragte sie, warum sie weinten. Sie sagten mir, weil das Wasser so eiskalt sei. Da bat ich sie, mir zu helfen, Steine ins Wasser zu werfen, damit ich mit meinen Schuhen rübergehen könnte. Ich konnte aber keine finden. Also ging ich wieder vor die Grotte, um meine Schuhe auszuziehen. Als ich gerade damit anfing, hörte ich ein Geräusch wie von einem Windstoß. Ich wandte mich in Richtung Wiese; ich bemerkte, dass die Bäume ganz unbewegt waren. Ich fuhr fort, meine Schuhe auszuziehen. Da hörte ich wieder das gleiche Geräusch. Ich blickte zur Grotte hoch. Ich sah eine Dame in Weiß. Sie hatte ein weißes Kleid an und einen blauen Gürtel um; auf ihren Füßen gelbe Rosen, wie die Farbe der Kette ihres Rosenkranzes. Als ich das sah, rieb ich mir die Augen: Ich glaubte, mich getäuscht zu haben. Ich langte mit meiner Hand in die Tasche; ich fand dort meinen Rosenkranz. Ich wollte das Kreuzzeichen machen, konnte aber meine Hand nicht bewegen. – Die Erscheinung bekreuzigte sich. Da begann meine Hand zu zittern. Ich versuchte mich auch zu bekreuzigen; da gelang es mir. Ich betete meinen Rosenkranz. Die Erscheinung ließ die Perlen des ihrigen durch die Hand gleiten, aber ihre Lippen bewegten sich nicht. Als ich mit meinem Rosenkranz fertig war, verschwand die Erscheinung plötzlich. Ich fragte die beiden anderen

Die Statue der heiligen Jungfrau in der Grotte

Mädchen, ob sie etwas gesehen
hätten. Sie sagten mir, nein! Sie
fragten mich, was da gewesen sei
und baten mich ungeduldig, darüber zu berichten. Also habe ich ihnen erzählt, dass ich eine Dame in
Weiß gesehen hätte, aber dass ich
nicht wüsste, wer es gewesen sei.
Sie sollten davon aber nichts wei-
tersagen."

Jedoch kaum daheim, plaudern
die beiden Begleiterinnen aus, was
da war und ihnen anvertraut wur-

de. Mutter Louise ist besorgt und
wütend: „Ich Arme, was soll denn
noch über uns kommen? – Du hast
sicher geträumt, Bernadette. Du
darfst nicht mehr nach Massabielle
gehen!" Und sie droht mit dem
Stock. Der Vater, der noch immer
auf dem Bett liegt, besänftigt. Die
Mutter: „Wir müssen beten!"

Herr und Gott, zu allen Zeiten hast
du Seher und Propheten erweckt
und berufen. Du hast sie in deinen
Auftrag genommen, deine Hand lag
auf ihnen, dein Segen war in ihnen.
Sie sollten den Menschen deine Bot-
schaft ausrichten, sollten anmahnen
deine Weisung, sollten aufrufen zur
Umkehr und zur Rettung. Jesaia, Je-
remia, Johannes der Täufer, diese
großen Propheten, taten diesen
Dienst. Zuletzt hast du deinen eige-
nen Sohn zu uns Menschen gesandt,
Christus, den Propheten des Aller-
höchsten: „Kehrt um und glaubt an
das Evangelium (Mk 1,15)!", predigte
er dem Volk im Finstern, den Men-
schen in der Verlorenheit.

Seher und Propheten, die in dei-
nem Geist das Geschehen und die
Zeichen unserer Zeit deuten, die hin-
weisen auf deinen Heils-Willen, sen-

Die heilige Jungfrau erbittet, am Ort der
Erscheinung eine Kapelle zu erbauen
(Glasfenster in der Basilika Pius X.)

dest du uns auch heute. Prophetische Denker und Verkünder und Heilige sind's. Aber auch das Kleine und Niedrige erwählst du und bedienst dich eines einfachen und schwachen Kindes, um uns deine Wahrheit auszurichten. Bernadette sah die heilige Jungfrau und hörte ihre Wünsche und gab sie an uns weiter. Es sind Weisungen, die uns auf deinen Weg, o Gott, rufen und uns für die Nachfolge Jesu ermutigen wollen. Gib uns für diese Botschaft von Lourdes die Offenheit und Bereitschaft des Herzens!

Buße

Nicht sich kasteien, nicht sich bestrafen:
Zerreißt nicht die Kleider, zerreißt euer Herz, weit macht es auf und werdet bereit für den, der ankommen will;
schon steht Er vor der Tür.
Umkehren zu ihm, uns bekehren zum Gott, der es gut mit uns meint.
Neu sich hinkehren zu ihm, der – tief in uns verborgen – unsere innerste Mitte, der das Leben die Fülle für uns ist.

5. Die Erscheinungen und die Botschaft

Bernadette kommt von ihrem Erlebnis nicht los. Ein innerer Ruf zieht sie immer wieder, trotz mancher Widerstände und Anfechtungen, zur Grotte, nach Massabielle (Masse vieille = alter Fels). So licht-schön und überwältigend war für sie die Erscheinung der „Dame in Weiß". Von ihr ist sie auch gebeten worden, weiterhin an diesen Ort zu kommen (vom 11. Februar bis 16. Juli 1858 so geschehen).

Die Visionen eröffnen nichts Außergewöhnliches; sie sind keine Drohbotschaft, keine sozial-politische und keine apokalyptische Ankündigung. Während der 18 Erscheinungen sind sie meist mit einer ganz persönlichen Botschaft an Bernadette verbunden; diese gibt sie auch nicht preis. Ganz wenige, aber entscheidend wichtige, richten sich an uns alle: es sind wie biblische Worte.

Nachdem Bernadette am Sonntag, dem 14. Februar, das Rosenkranzgebet begonnen, erscheint ihr die Dame. Sogleich sprengt sie mitgebrachtes Weihwasser zur Nische. „Wenn Sie von Gott sind, dann kommen Sie näher, wenn nicht, dann gehen Sie fort!" Die Dame lächelt und neigt den Kopf. Dann entschwindet sie.

Am Donnerstag, dem 18. Februar, spricht die Dame. Die Seherin hält ihr eine kleine Tafel hin mit der Bitte, ihren Namen aufzuschreiben. „Das ist nicht nötig." Und fügt hinzu: „Ich verspreche Ihnen nicht, Sie in dieser Welt glücklich zu machen, wohl aber in der anderen. Wollen Sie die Güte haben, 14 Tage lang hierher zu kommen?"

Bei der vierten und fünften Vision (am 19. und 20. Februar) versammeln sich immer mehr Menschen an der Grotte. Die Aufregung wächst: Wie ist das alles zu erklären? Ist das ein Unglück für uns oder ein göttliches Wunder?

Am 21. Februar, einem Sonntag, ist auch der Arzt, Dr. Dozous, anwesend. Er beobachtet genau und konstatiert: „Nichts deutet darauf hin, dass eine psychische Überreizung vorliegt." Zwischenzeitlich schaltet sich auch die Obrigkeit ein; die bohrenden Verhöre beginnen.

Am folgenden Montag ist Bernadette an der Grotte. Sie betet wie immer den Rosenkranz.

Aber nichts geschieht sonst. Die Visionärin verfügt nicht über die schöne Frau und will es auch nicht. Bernadette ist ein bescheidenes und fromm-normales Mädchen.

Bei der 7. Vision vertraut die schöne Frau der Seherin ein für sie bestimmtes Geheimnis an.

Und spricht den Wunsch aus: „Geh und sag den Priestern, dass ich an diesem Ort eine Kapelle errichtet haben will."

Rasch gerät Bernadette bei der 8. Vision (24. Februar) in Ekstase. Nach einiger Zeit weint sie und küsst einige Male die Erde. Die Dame in Weiß hat gesagt: „Buße! Buße! Buße! Beten Sie zu Gott für die Sünder!"

Die 9. Vision: Die Dame lädt das Mädchen ein: „Geht hin zur Quelle und wascht euch dort!" Nahe der

Felsen

Sinnbild für Gott selbst, für den in-sich-Seienden und -Stehenden, für Gottes Unveränderlichkeit und Festigkeit: Ich bin, der ich war und bin und sein werde!
Zu diesem Gott bekennen wir uns:
Gott, unser Fels, unsere Hilfe, unser Schutz (Ps 62,3)!
Unzählige Pilger ziehen an die Grotte und bezeigen dies, sie berühren und küssen dort den Felsen von Massabielle.

Felswand kratzt Bernadette mit ihren zarten Fingern den Boden auf und findet ein wenig schlammiges Wasser einer verschütteten Quelle. Bereits am Nachmittag desselben Tages fließt das Wasser aus der Pfütze, aus der die Quelle von Lourdes wird.

Am Samstag, dem 27. Februar, schweigt die Erscheinung. Bernadette trinkt vom Wasser und vollzieht die Gesten der Buße.

Auch am Sonntag vollzieht sich dasselbe. Das Seher-Mädchen geht auf die Knie zum Zeichen der Buße.

Am 1. März kommt die hochschwangere Catherine Latapie aus dem neun Kilometer entfernten Dorf Loubajac zur Quelle, um ihren gelähmten Arm im Wasser zu baden; ihre Heilung erfolgt unmittelbar danach. Als sie heimkommt, gebiert sie ihr drittes Kind. Dieses erste Wunder von Lourdes – so sehen es die Leute – bestätigt für viele die Echtheit der Erscheinungen.

Am 13. Erscheinungstag, am 2. März, bittet die Dame ihre Botschaft an die distanzierten Priester weiterzugeben: Man möge in Prozessionen hierher kommen und eine Kapelle bauen. Abbé Peyramale von Lourdes reagiert aufgebracht und beschuldigt Bernadette als

Die gefasste Lourdes-Quelle, geschmückt mit Blumen

Aus der Tiefe der Erde
das Leben sprudelt, die göttliche Kraft, das köstliche Nass,
unser Trank.
Im frisch-klaren Wasser
dürfen wir uns waschen und
trinken, und Reinheit und Erkenntnis strömen uns zu. –
Am Marienquell, am Brunnen
der Lieben Frau ist der gesegnete Ort, an dem uns die Jungfrau-Mutter begegnet,
dass unsere innere Quelle
nicht versiege und wir
erfahren Heil, Heilung und
Heiligung von unserem Gott.

„Lügnerin". „Die Dame soll ihren
Namen sagen!"

Am Vorabend des 4. März
herrscht Aufregung im Ort. Tausende von Neugierigen strömen her-
bei; alles wartet auf ein Wunder am
14. Tag. Am Morgen des 5. März, es
war ein Donnerstag, bahnt sich Bernadette ruhig und in sich gekehrt
den Weg durch etwa 8000 Anwe-
sende. Die Erscheinung schweigt.
20 Tage lang geht die Seherin nicht
mehr zur Grotte; sie verspürt keinen inneren Ruf dazu. Aber immer
mehr Menschen suchen den wunderbaren Ort auf. Bernadette äußert sich: „Ich gebe nicht vor, irgend
jemand geheilt zu haben; ich habe
nichts derartiges getan. Und außerdem weiß ich nicht, ob ich jemals
zur Grotte zurückkehren werde."

Endlich offenbart die Erscheinung ihren Namen; am Donnerstag, dem 25. März, war's.

Bernadette erzählt: „Sie hob die
Augen zum Himmel, faltete zum
Zeichen des Gebetes ihre Hände,
die sie ausgestreckt zur Erde gehal-

Prozession

Wallend und pilgernd sind wir
Menschen unterwegs –
ein Leben lang.
Gott heißt uns abbrechen und
aufbrechen dem ewigen, erfüllenden Ziel entgegen. –
Wallend und pilgernd sind wir
in Lourdes, uns wandelnd auf
dem Weg:
In der Eucharistischen Prozession, im täglichen Fronleich-
nam, Christus verehrend im
Allerheiligsten Sakrament; und
in der Marianischen Lichterprozession im Schein von
tausend brennenden Kerzen
in der Liebe zur heiligen Jungfrau-Mutter.

ten hatte, und sagte zu mir im Dialekt unserer Gegend: „Ich bin die Unbefleckte Empfängnis" („Que soy era Immaculada Councepciou"). Die junge Seherin eilt zum Pfarrer, die für sie unverständlichen Worte unterwegs wiederholend. Abbé Peyramale wird nachdenklich: Das ist die heilige Jungfrau! Die Freude von Bernadette ist unermesslich groß.

Bernadette feiert das Osterfest, einfach und schlicht, aber das Herz angefüllt mit diesem wunderbaren

Kerze

Ihr Leib ist geformt aus dem Wachs der Bienen, der Docht wie ihre Seele, aus dem die Flamme züngelt.
Still-verschenkend verzehrt sie sich zu hellem Licht und wärmender Glut. – Herr, nimm mich an zu deiner Ehre; wie Maria gebe ich mich dir und sage Ja zu deinem Weg mit mir. Es ist der tiefste Sinn auch meines Lebens, mich in Wahrheit und Liebe verbrauchen zu lassen für dich, meinen Gott und für meine Mitmenschen.

Namen. Und wieder zieht es sie am Ostermittwoch, 7. April 1858, zum Erscheinungsort. Sie hat, wie so oft, eine große, gestiftete Kerze mitgebracht. Unter den unzähligen Menschen auch Doktor Dozous. Da geschieht vor seinen Augen das „Wunder der Kerze". In der Ekstase entgleitet Bernadette die brennende Kerze, umzüngelt etwa zehn Minuten ihre Hände – und keine Spur einer Verbrennung. „Jetzt glaube ich", verkündet der Arzt voller Überzeugung.

Der Donnerstag, 16. Juli, ist der Tag der letzten Erscheinung. Als die bescheidene Seherin zur Grotte will, ist der Zugang durch einen amtlichen Zaun abgesperrt. Auf dem Umweg, der rechten Flußseite entlang, kommt sie doch in die Nähe der vertrauten Stätte. Sie betet den Rosenkranz. Dann breitet sie in freudiger Überraschung die Hände aus. Ihr Gesicht wird bleich, dann strahlt es auf. Die Erscheinung verläuft genauso schweigsam wie die ersten. Nur soviel gibt Bernadette kund: „Ich habe weder die Absperrung noch den Gave gesehen. Mir war, als wäre ich in der Grotte. Ich habe die heilige Jungfrau gesehen. Die Dame war schöner als je zuvor."

Weihe- und Opferkerzen, nahe der Grotte

Erhabener Gott, manche meinen, nur das glauben zu können, was für sie erfahrbar, hörbar, sichtbar, greifbar, beweisbar ist. Und doch ist vieles zwischen Himmel und Erde, das wir nicht fassen und erfassen können. Du bist in allem und du wirkst durch alles. Deiner Wunder sind so viele: Das Wunder des Lebens, das Wunder der Schöpfung, das Wunder des Menschen, das Wunder, dass wir sind, das Wunder deiner Fügungen und deiner Führungen. Wunderbar und groß bist du, unfasslich, unbegreiflich, unendlich.

Wer Augen hat und Ohren, wer mit Verstand und Erkenntnis begabt ist, der entdeckt die Zeichen (semeia im Griechischen), die du aufrichtest, die Zeichen, die auf dich hinweisen, die Zeichen der Orientierung an unserem Weg, die Zeichen deiner Herrlichkeit und Größe.

Zeichen sind's auch, wenn du eingreifst in ein Menschenleben: Wenn jemand dein Wort hört, wenn jemand sich zu dir bekehrt und seinem Leben neue Orientierung gibt. Zeichen sind's, wenn du einen Daniederliegenden wieder auf die Füße bringst, wenn du blinde Augen auftust, wenn sich ein Mensch deiner Gnade öffnet und von dir Erbarmen und Versöhnung erfährt.

Durch Zeichen und Wunder (durch alles Wunderbare und Wundervolle), durch die Erscheinung der Jungfrau und Mutter Maria und durch ihre besorgte Botschaft begegnest du auch uns am heiligen Ort, zu dem wir gepilgert sind. Gib Ahnung und Verstehen, deine Gegenwart und dein Wirken zu verspüren – im heiligen Schauer und im tiefen Dank vor deiner Erhabenheit und Heiligkeit.

6. Verhöre und Bedrohungen

Bernadette war mit ihren 14 Jahren in jeder Hinsicht noch ein Kind, im Glauben der Familie aufgewachsen, in der Frömmigkeit natürlich. Sie konnte lange Zeit nicht lesen und schreiben; sie litt darunter, dass sie nicht zur Schule gehen konnte. In ihrer Art bescheiden, selbstlos und stets hilfsbereit, war sie immer kränklich und schwach (schon früh mit Asthma behaftet). Kein Mensch, sie am wenigsten, dachte daran, für die Gnade, oder auch für die Bürde einer besonderen Berufung ausersehen zu sein.

Nach der ersten Vision ist das Mädchen so beglückt von der Erscheinung, dass es am liebsten in der Grotte bleiben möchte. Aber daheim wird Bernadette von Mutter Louise, die ganz verzweifelt ist über das Gehörte, ausgeschimpft, mit dem Haselstock bedroht: „Dummes Zeug ist das, ein Traum, eine Einbildung!"

Auch ihre Freundinnen hänseln sie, eine Nonne namens Anastasia, äußert sogar: „Hier ist die kleine Närrin" und gibt ihr eine schmerzende Ohrfeige. Unter den Menschen, die das Geschehen am Erscheinungsort verfolgen, ist die Meinung geteilt. Manche sind überzeugt und angetan von der jungen Seherin, andere verwerfen und verurteilen: „Sie ist verrückt, sie gehört in eine Heilanstalt!"

Bald greift auch die Behörde ein. Die Polizei droht mit dem Gefängnis. Knifflige Verhöre folgen. Man will Bernadette der Widersprüche und der Lüge überführen. Die Grotte wird mit einem Bretterzaun vernagelt. Man will auch die Ströme der Neugierigen und Beter dorthin untersagen und unterbinden. Vater François wird verpflichtet, den neuerlichen Gang seiner Tochter an die Grotte zu verhindern.

Die Kirche, vertreten durch den Ortspfarrer, Abbé Peyramale, ist wegen der Visionen nicht nur zurückhaltend, er ist aggressiv ablehnend. Erst als Bernadette ihrem geehrten Pfarrer den Namen der schönen Frau – „sie ist die Immaculata" – sagt, ändert sich sein bisher ablehnendes Urteil.

Bernadette bleibt bei all den lästigen Untersuchungen erstaunlich ruhig und gelassen. Sie antwortet auf die ihr gestellten Fragen knapp, immer direkt und überzeugend. Abbé Peyramale gibt später zu Protokoll: „Allen steht sie zur Verfügung; die einen hat sie gestärkt, die ande-

Abbé Dominique Peyremale, Pfarrer von Lourdes

ren erstaunt oder verwirrt." Der zuständige Bischof von Tarbes, Msgr. Bertrand-Sévères Laurence, spricht im Erlass vom 18. Januar 1862 die kirchliche Anerkennung der Erscheinungen von Lourdes aus:

„... Das Vorkommnis, von dem wir euch unterrichten, ist seit vier Jahren Gegenstand unserer Aufmerksamkeit. Wir haben es in seinen verschiedenen Phasen verfolgt, wir haben uns inspiriert bei der eingesetzten Kommission, die das Kind verhört, die Fakten studiert, alles untersucht und alles abgewogen hat. Auch haben wir die Autorität der Wissenschaft angerufen, und wir sind überzeugt geblieben, dass die Erscheinung übernatürlich und göttlich ist, und dass folgerichtig das, was Bernadette gesehen hat, die Allerseligste Jungfrau ist ... Ob all der Gründe erklären wir: Wir urteilen, dass die Unbefleckte Maria, Muttergottes, Bernadette Soubirous am 11. Februar 1858 und den folgenden Tagen, 18-mal in der Grotte von Massabielle, nahe der Stadt Lourdes, tatsächlich erschienen ist; dass diese Erscheinung alle Charakteristik der Wahrheit vorzeigt, und dass die Gläubigen Grund haben, diese als sicher anzunehmen ..."

Immakulata

Schöne Frau, herrlich im Licht, unberührt von den Makeln unseres Schuldigbleibens und Schuldigwerdens, von Verstrickung und Verlorensein. Im Glaubenssatz 1854 verkündet: Erwählt von Gott in Gnaden und ausersehen, goldener Kelch zu sein für den göttlichhochzeitlichen Wein, für den Trank des Neuen Bundes, der uns erlöst und befreit in Gottes Weite und Leben hinein. Schöne Frau, Mutter der Schönen Liebe, berühre auch uns mit deiner Lauterkeit und Reinheit in mütterlicher Zuwendung und Güte!

Gott, du kennst uns. Wir sind gelehrt worden, alles kritisch zu hinterfragen und genau zu überprüfen, was uns begegnet. Diese Weisung gaben uns nicht nur unsere Lehrer, diese Anweisung gibt uns auch Paulus: „Prüft alles, das Gute aber behaltet (1 Thessalonicher 5,21). – Das wird gut so sein, denn viele Lügner und Scharlatane wollen verführen und

Eucharistiefeier in der Grotte

uns von der wahren Lehre abbringen. – Gib uns deinen Geist, Gott, der uns führt in die Unterscheidung der Geister. Gib uns aber auch die Kraft zum Glauben, dass es nicht nur die irdischen Tatsachen gibt, in denen wir leben; dass auch das Übernatürliche und Göttliche in uns und um uns deine Wirklichkeiten sind, die dich aussagen und zusagen – in deiner Weisheit, welche alle Weisheit dieser Welt übertrifft.

7. Gesundungen und Heilungen

Der rational bestimmte und realitätsbezogene moderne Mensch ist nicht mehr so skeptisch und abweisend, wenn die Rede auf „Wunder" kommt. Längst ist erkannt worden, dass das Sein nicht nur eine innerweltliche Dimension hat, dass auch der Mensch nicht nur seine leibhafte, sondern auch seine seelische/geistige Anlage aufweist. Was ist da Ursache und was Auswirkung einer Erkrankung? Wodurch geschehen Kranken-Heilungen? Mediziner und Wissenschaftler sprechen bei „Gesundungen" von außergewöhnlichen, unerklärlichen Geschehnissen. In Lourdes sind im medizinischen Archiv rund 7000 bestätigte Berichte von „Gesundungen" dokumentiert. „Heilungen" jedoch von schweren, unheilbaren Krankheiten sind es innerhalb der vergangenen 150 Jahre „nur" 67, nach strengsten medizinischen Kriterien festgestellt und offiziell bestätigt. Das Wort „Wunder" soll zwar nicht leichtfertig ausgesprochen werden (P. Pius X., 1903–14), dennoch darf und muss es bezeugt werden als eine Großtat Gottes, als sein eingreifendes Heilswirken am/im Menschen, seinem liebsten Kind. – In Wundern, die Jesus wirkt – das Zweite Testament überliefert diese – , erweist er sich als der Gott-mächtige und heilende Heiland – aufzeigend, dass mit ihm das Reich Gottes da und der neue Äon einer geheilten und heilen Welt angebrochen (wenn auch noch nicht ganz ausgebrochen) ist. – So lässt sich sagen: Wunder geschehen auch heute. Ben Gurion, der israelische Staatspräsident, formu-

lierte einmal: „Wer an keine Wunder glaubt, ist kein Realist." – Hier will uns die Geschichte einer Heilung an einer deutschen Frau ansprechen (die 53. nachweisliche Heilung).

Thea Angele, geboren am 24. September 1921 in Neukirch-Tettnang/Oberschwaben, erkrankt als 23-Jährige schwer. Die Uni Tübingen diagnostiziert ein „chronisch entzündliches organisches Nervenleiden, das mit Zittererscheinungen, Reflexsteigerung, Sprach- und Gleichgewichtsstörungen einhergeht". Das Krankheitsbild, das später als „Multiple Sklerose" bezeichnet wird, verschlechtert sich dramatisch; Therapien sind erfolglos. Muskelathropie und Lähmungserscheinungen, die im Laufe des Jahres 1949 auch auf die inneren Organe übergreifen, machen ihre Lage hoffnungslos. Die Kranke ist jetzt ganz gelähmt, kann nicht mehr sprechen und ist bis auf 34 Kilogramm abgemagert. Sie bittet als ihren letzten Wunsch, nach Lourdes gebracht zu werden – gegen alle ärztlichen Einwände. Ihre Pilgerreise dorthin am 15. Mai 1950 wird von Freundinnen begleitet und von vielen Tettnangern finanziert. Nach 30-stündiger Zugreise sterbenselend im Wallfahrtsort angekom-

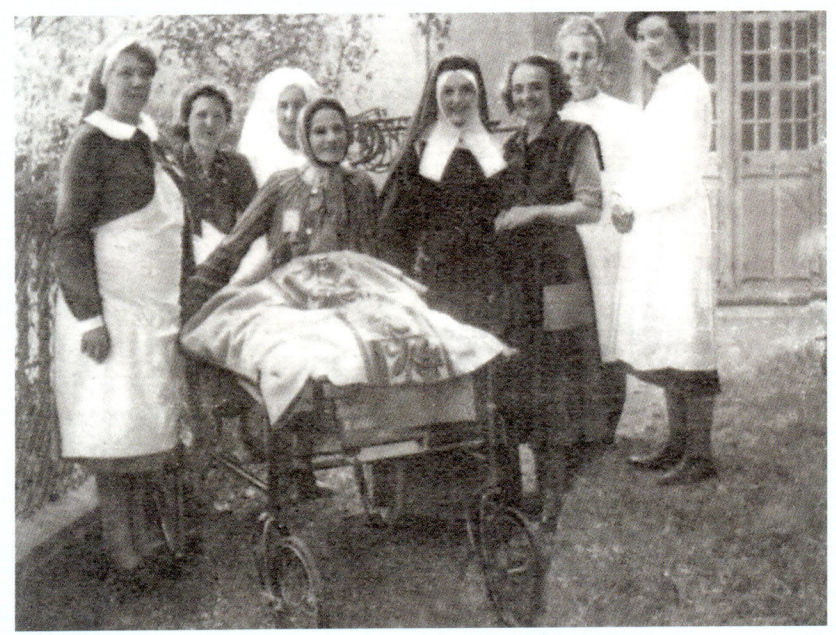

Thea Angele, kurz nach ihrer Heilung in Lourdes im Jahre 1950

men, setzt zeitweise ihre Atmung aus. Thea Angele empfängt die Sterbesakramente. Tut aber auch kund, dass sie nach dem Untertauchen im Wasser an der Grotte verlangt. Die Ärztin stimmt trotz großer gesundheitlicher Bedenken schließlich zu. Nach vier Bädern und der Teilnahme an der Eucharistischen Prozession lächelt Thea zum ersten Mal, bewegt sich, spricht Frau Dr. Wimmer auf schwäbisch an: „Fräulein Doktor, jetzt kann ich wieder alles sagen. Ich habe fürchterlichen Hunger." So geschehen am 20. Mai 1950. In den nächsten Tagen schreitet der Heilungsprozess stetig fort: Alle Körperfunktionen sind wieder intakt. Die Heimreise übersteht die Geheilte problemlos. Sie ist gesund, fährt wieder Fahrrad, kann sich selbst versorgen, geht ihrem Beruf nach. – 1955 pilgert Thea Angele ein zweites Mal nach Lourdes, diesmal, um als Schwester Maria-Mercedes ins Kloster der Unbefleckten Empfängnis einzutreten. Durch das Dekret des Bischofs von Tarbes-Lourdes vom 28. Juni 1961 wird die „wunderbare Heilung" bestätigt. In einem Altenheim im abgelegenen Pyrenäenort Galan tut Sr. M.-Mercedes Dienst an den alten und kranken Menschen. Mit 83 Jahren geht sie am 10. Mai 2004 heim zu ihrem Schöpfer und Herrn.

Heiland – Christus, wie viele kranke und notleidende Menschen kommen doch hierher nach Lourdes. Sie kommen in erwartungsvoller Hoffnung und sie kommen im großen Glauben an deine Hilfe durch die Fürsprache Marias. Und das Wunder geschieht: Das Wunder der Tröstung und Ermutigung, das Wunder der Bekehrung und neuer Hinkehr zu dir, das Wunder leiblicher und seelischer Besserung, in einer neuen Bestärkung, das zugemutete Kreuz wieder aufzunehmen und zu tragen. Dafür danken wir dir durch die Fürsprache der seligen Jungfrau.

8. Neue Entscheidungen

Nach den Erscheinungen an der Grotte kann sich Bernadette kaum erwehren, so viele Fragen werden ihr gestellt, skeptische und absurde, neugierige und fromme. Man will sie von dieser Last und Belästigung befreien. Aber sie bleibt noch zwei Jahre bei ihrer Familie, hilft im Haushalt mit (Mutter Louise bekommt ihr siebtes Kind) und kümmert sich um ihre Geschwister. Im Jahr 1860 vermitteln Abbé Peyramale und Bürgermeister Lacadé die kränkelnde und schmächtige Seherin zu den Schwestern ins Hospiz Lourdes. Dort geht sie zur Schule, lernt das Lesen und Schreiben und

---

Wasser

Anfang und Wachsen allen Lebens, lebenspendendes Element im Schöpferplan.
Aus dem Wasser kommen wir, durch Wasser sind wir: Reinigung, Erquickung, Heilung, Neuwerdung!
Wasser – Zeichen der Taufe: Untergetaucht in den Tod Christi, durch seine Auferstehung zu Neuem erweckt.
Aus der Herzwunde Christi fließen Blut und Wasser heraus; so verströmt sich für uns der Retter.
Und einmal werden Ströme des Heils fließen über paradiesische Flur, uns zum bleibenden Leben für immer.

Abschied der Bernadette von Lourdes 1866 im Kreis der Marien-Kongregation

auch das Französische. Sie tut damit schwer, aber tapfer wie sie ist, gibt sie nicht auf. Beim Nähen und Sticken zeigt sie zweifelsohne mehr Geschick. In den Pausen ist sie der große Spaßmacher; besonders mit den Kleineren versteht sie es. – Alle erspüren ihre Ehrfurcht vor Gott, ihre Ernsthaftigkeit im Gebet, ihre Disziplin in der einfachen und bescheidenen Lebensführung, ihre Liebe zu den Kranken.

Aus langer und in der Stille gereifter Überlegung entscheidet sich Bernadette – sie ist jetzt 20-jährig: „Ich will Ordensschwester werden ... Ich mag die Armen und pflege die Kranken gern ... Ich bleibe bei den Schwestern von Nevers." Noch einmal darf sie bei ihrer Familie Ferien machen. Man berichtet darüber: „Sie war fröhlich, oft auch ausgelassen und scherzte gern mit einem ihrer Vettern." Sie nimmt jeden Tag an der heiligen Messe teil, geht dreimal in der Woche zur heiligen Kommunion und betet jeden Tag den Rosenkranz.

Abendmahlsbild, Tabernakel von Egino Weinert

Im November 1864 erhält Bernadette die Zusage der „Schwestern der Barmherzigkeit und Christlichen Bildung" von Nevers zur Aufnahme ins Postulat. Aber starke Asthmaanfälle halten sie noch eine Weile davon ab, auch der Tod ihres kleinen Bruders Justin. Außerdem will Bischof Laurence, dass sie noch an der Einweihung der Krypta (das ist die von der heiligen Jungfrau erbetene Kapelle) teilnimmt. Daher kann sie erst im Februar des Jahres 1865 ihr Postulat beginnen.

Bernadette nimmt Abschied von Lourdes, von der geliebten Grotte, von den Ihren. Sie ist sehr tapfer. Ihre Habe trägt sie in einer Tasche aus buntem Stoff, ihre „Kloster-Aussteuer" ist in einem Koffer verstaut. Alle mussten weinen. „Es ist ja lieb von euch, zu weinen,", sagt die Abschiednehmende, „aber ich kann doch nicht immer hier bleiben." Der Zug bringt sie über Bordeaux-Périgueux in einer zweitägigen Reise nach Nevers/Mittelfrankreich. Dann steht sie vor dem Portal des riesigen Klosters und Mutterhauses und bittet um Einlass. Ein letztes Mal trägt sie die Tracht der Pyrenäen, dann wird sie eingekleidet mit dem Gewand der Novizen: Die Einordnung in die Klostergemeinschaft beginnt und das große Schweigen und der Kreuzweg – Christus nach. – Einmal noch berichtet die Visionärin auf Geheiß der Oberin ihren Mitschwestern (es

Bernadette, als Schwester Marie-Bernard eingekleidet, 1866

Eucharistie

Quelle, Mitte, Höhepunkt unseres Glaubens ist das Opfermahl Christi, ist die Große Danksagung, ist die Anbetung und Verehrung Christi im Allerheiligsten Altarsakrament.
Ich bin das Brot des Lebens, spricht sich uns Jesus zu, wer mich isst, wer mich aufnimmt in sich, der wird nicht mehr hungern müssen.
Dem schenke ich meine Kraft in seiner Schwäche, meine Gemeinschaft in seiner Einsamkeit, mein Heil in seiner Krankheit, mein Mitsein auf dem aufgetragenen Weg, mein Leben in seiner Sterblichkeit, Unterpfand des kommenden Hochzeitsmahles bei Gott.

ist ein Konvent von 330 Ordensfrauen) von ihren Erscheinungen bei Massabielle: „Geh hin zur Quelle!" Dann spricht sie nie mehr darüber. – In der ersten Zeit ihres klösterlichen Lebens hat Bernadette Heimweh: „Anfangs habe ich mich sehr nach Hause zurückgesehnt. Wenn ich einen Brief von daheim bekam, wartete ich den Zeitpunkt ab, wo ich allein sein konnte, um ihn zu öffnen. Ich fühlte mich nämlich unfähig, den Brief zu lesen, ohne aus ganzem Herzen zu weinen." Tröstung erfährt sie vor der Statue „Unserer Lieben Frau von den Wassern", die sich im Klostergarten in einer kleinen Nische befindet. Und dann diese Ergebung und Einsicht: „Mein Auftrag in Lourdes ist zu Ende … Lourdes ist nicht der Himmel!"

Fügender und geleitender Gott, in deiner wunderbaren Vorsehung führst du uns Menschen, nicht ohne unsere Mitentscheidung, meist aber ganz anders, als wir wollen. – Du hast Bernadette Soubirous gerufen von der Mühle an die Grotte, vom einfachen Mädchen zur Seherin, von ihrer Armut in deine besondere Gnade. Immer mehr hast du sie hineingenommen in das Leben und Leiden deines Sohnes Jesus Christus. Selbst krank, war sie da für die Kranken; selbst leidend, liebte sie die Leidenden. – Lehre auch uns, dass wahre Liebe Leiden und angenommenes Leiden Liebe ist!

9. „Dem Herrn gehöre ich ganz"

Bernadette legt bei der Einkleidung (am 29. Juli 1866) ihren bisherigen Namen ab; sie heißt jetzt Schwester Marie-Bernard. Bewusst zieht sie „den neuen Menschen an, der in Gerechtigkeit und Heiligkeit von Gott geschaffen ist" (Eph 4,24). –

Die 42 Novizinnen werden auf verschiedene Stationen der Kongregation geschickt. Sr. Marie-Bernard wird im Mutterhaus behalten; man will sie vor Besuchern schützen, sicher auch wegen ihrer angeschlagenen Gesundheit schonen. Aber schon im August wird sie auf die Krankenstation eingewiesen. Ihr Befinden verschlechtert sich so sehr, dass die Klosterleitung das Schlimmste befürchtet. „Im Angesicht des Todes" nimmt Bischof Forcade ihr Versprechen entgegen, das sie mit einem schlichten „Amen" gelobt.

Am 8. Dezember d. J. erreicht sie die Todesnachricht von ihrer Mutter Louise, die sich mit 41 Jahren aufgezehrt hat in der Arbeit und in der Armut für ihre neun geborenen Kinder (vier nur blieben ihr lebend). Bei der Ordensprofess am 30. Oktober 1867 verpflichtet sich Sr. Marie-Bernard, ihr ganzes Leben lang die Gelübde der Armut, der Keuschheit, des Gehorsams und der Caritas zu halten. Die Generaloberin zum Bischof (demütigend oder verschmitzt?): „Wenn Sie wollen, Monseigneur, können wir die Schwester aus Barmherzigkeit im Mutterhaus behalten und sie irgendwie auf der Krankenstation beschäftigen und sei es auch nur zum Putzen oder

Teezubereiten." Marie-Bernard antwortet: „Ich werde es versuchen." Darauf der Bischof: „Ich erteile Ihnen den Auftrag zum Gebet." So gut wie es ihre Gesundheit zulässt und sehr gütig und humorvoll, aus ihrem lieben Wesen heraus, widmet sich Sr. Marie-Bernard fortan den kranken Mitschwestern (1867 bis 1873): Sie kann mitleiden ohne mitzujammern. –

Im Siebziger-Krieg stehen die Preußen kurz vor Nevers. Marie-Bernard meint: „Ich verzichte zwar gern darauf, die Preußen zu Gesicht zu bekommen. Aber ich habe keine Angst vor ihnen. Gott ist überall, selbst mitten unter den Preußen." Ein Teil des Mutterklosters wird zum Lazarett für verwundete Franzosen.

Schlimm ist es für die Lieblingstochter, als ihr Vater François am 4. März 1871 stirbt. In einem Brief an ihre Schwester Marie schreibt sie: „Ich weine mit dir. Lass uns aber immer, auch wenn wir traurig sind, der väterlichen Hand untertan sein, die wir so hart zu spüren bekommen. Lass uns das Kreuz tragen und es küssen."

Vom Mai 1870 bis zum Winter 1872 geht's Marie-Bernard gesundheitlich ordentlich. Dann kommt wieder ein Rückfall, der ihren Aufenthalt auf der Krankenstation notwendig macht. Im Juni 1873 empfängt sie zum dritten Mal die Krankensalbung. Im Oktober wird sie von ihrer Aufgabe an den Kranken entbunden; es geht nicht mehr. Als „unnütze Kranke", wie sie sagt, lässt sie es sich dennoch nicht nehmen, kleine Dienste zu tun, in der Sakristei, im Beistand für Schwerkranke.

Ihre eigene Krankheit schreitet indessen weiter fort: Sie bekommt asthmatische Erstickungsanfälle, muss Blut spucken, ein tuberkulöses Kniegeschwulst macht sie bewegungsunfähig. Vom Oktober 1878 an muss sie endgültig in ihrer „Weißen Kapelle", im weißen Bett mit den Vorhängen liegen. Wie als Kind damals richtet sie ein kleines Altärchen her und stickt rote Herzchen, die sie verschenkt: „Man soll nicht sagen können, dass Sr. Marie-Bernard herzlos ist." Und der „kleine Taugenichts" fügt hinzu: „Ich kann nur noch beten und leiden."

Unser Herr und Gott, du suchst deine Menschenkinder und besuchst sie. Und wir suchen dich, unser Leben lang. Du sprichst uns an mit deinem Wort. Und wir versuchen, dir zu antworten mit unserem Wort. Alles, was wir dir geben und übergeben, kann zum Gebet werden: Unser Schweigen und Stillewerden, unser Hineinhören in deinen heiligen Willen, unser Sprechen mit dir und unser Singen vor dir, unser Knien vor deiner Größe und Herrlichkeit, unsere Anbetung und Verehrung in der Verneigung vor deinem wunderbaren Geheimnis. Segne unser Wort, wenn wir sagen: Gott, wir lieben dich, wir gehören dir für Zeit und Ewigkeit, in Gesundheit und Krankheit, im Leben und im Sterben.

10. Der letzte Leidensweg

Sr. Marie-Bernard sagte einmal: „Meine Passion wird bis zu meinem Tod dauern ... Ich hatte nicht geglaubt, dass man so vieles leiden muss, um zu sterben." Und so war's. Die Familiensorgen bei den Soubirous in Lourdes nehmen kein Ende: Ihre Schwester Toinette verliert ein Kind nach dem andern. In der Verwandtschaft sind Zwistigkeiten aufgekommen; es ist Unfriede (Sr. Marie-Bernard leidet darunter sehr). – Im Kloster gibt es Eifersüchteleien

Reliquienschrein der heiligen Bernadette im Kloster Nevers

und Sticheleien gegen sie. Die strenge Novizenmeisterin will endlich ihren Willen brechen, wie sie sich äußert, und die „Unnütz-Schwester" zum Gehorsam erziehen. Und sie kann doch nicht mehr. Der Tumor am Knie wird zum schmerzhaften Knochenfraß, sie hat schlaflose, qualvolle Nächte, ihr Körper ist eine einzige Wunde durch Aufgelegensein. Ihre Lebenskraft geht zu Ende. Am 28. März 1879 empfängt sie das Sakrament der Krankensalbung, das Viaticum, die heilige Wegzehr. Sr. Marie-Bernard lässt in ihrem Zimmer alle Bilder abhängen. „Allein Christus am Kreuz genügt mir", sagt sie. In der Nacht zum Osterdienstag, in einer geistigen Agonie, wird sie vom Bösen gepeinigt, erlebt Dunkles und sie Bedrohendes. Die bei ihr wachenden Mitschwestern rufen den heiligen Namen Jesu an; die Anfechtung lässt nach.

Die Sterbenskranke wird schwächer und leiser. Ab und an ein Seufzer. Am Morgen des Ostermittwochs (16. April 1879) bittet Marie-Bernard, überall ganz wund, auf einen Sessel gesetzt zu werden. Sie schaut auf das Kreuz, ihr gegenüber an der Wand. Abbé Febvre kommt und betet mit ihr die Sterbegebete. Sie verlangt nach dem Kruzifix und legt es auf ihr Herz. Der Abbé spricht ihr zu:

„… und leg mich ein Siegel auf dein Herz" (Hld 8,6). Kurz nach Mittag sucht sie Mutter Eleonore auf: „Sie hängen jetzt am Kreuz." Darauf Sr. Marie-Bernard mit verhauchender Stimme: „Mein Jesus, wie liebe ich dich." Dann verabschiedet sich eine Mitschwester: „Haben Sie viel zu leiden?" Marie-Bernard: „Das ist gut für den Himmel." Gegen 14.30 Uhr geht ein Zittern durch den Körper der Sterbenden. Kurz vor 15 Uhr läutet die Glocke und ruft die Schwestern zum Litanei-Gebet in die Kapelle. Eine Schwester sagt: „Die heilige Jungfrau wird herabsteigen und Ihnen entgegenkommen." Marie-Bernard ergreift das Kreuz, berührt mit ihren Lippen jede Wunde Christi und küsst sie. Noch einmal hebt sie den Kopf „Mein Gott" und versucht mitzubeten: „Heilige Maria, Mutter Gottes, bitte für mich, arme Sünderin …" Dann macht sie ein großes Kreuzeszeichen über sich, nimmt noch ein paar Tropfen eines stärkenden Getränkes, neigt den Kopf und haucht still ihre Seele aus. „Wie schön sie im Tod ist", bemerkt jemand.

Am Samstag, dem 19. April, wird ihr Leichnam in einen Doppelsarg aus Eichenholz und Blei gelegt und in der Gruft der Josephs-Kapelle im Klostergarten zu Nevers beigesetzt unter Anteilnahme unzählig vieler

Leiden

Die Erwählten sind´s, seine Freunde, die Jesus nahe bei sich haben will in seinem Leiden und Sterben. Durch Dunkelheiten und Anfechtungen müssen sie hindurch, Ängste, Schwächen und Schmerzen, Verlassenheit und Verzweiflung erfahren sie. Nur in der Lebensgemeinschaft mit Jesus – in jedem Leid und Leiden ist er – werden die ins Kreuz Genommenen bestehen, was ihnen aufgetragen und zugemutet. Für sie, für uns alle, ist Jesus der kreuztragende Simon von Cyrene geworden, der mitträgt, der uns zum Ende verhilft: Zur erlösenden Wende in Gottes Vollendung.

Menschen. Im Volk spricht man vom gottergebenen Leben und der Heiligkeit der Bernadette Soubirous. Die kleine Seherin von Massabielle ist nicht vergessen, immer mehr Leute pilgern zur Grotte, auf ihre Fürbitte hin geschehen Heilungswunder.

30 Jahre nach dem Tod von Sr. Marie-Bernard, anno 1909, wird das kirchliche Verfahren zu ihrer Heiligsprechung eingeleitet. Man öffnet ihren Sarg und untersucht ihren Leichnam, der völlig unversehrt ist. Durch den Ersten Weltkrieg (1914–18) verzögert, wird eine zweite Exhumierung im Jahr 1919 und noch eine dritte 1925 notwendig. Seit dem 18. Juli ruht Sr. Maria-Bernard in einem Glassarg im Kloster Nevers. Am 8. Dezember 1934, dem Fest der Unbefleckt Empfangenen, wird die Visionärin von P. Pius XI. in Rom heiliggesprochen. Ihr liturgischer Gedenktag ist der 16. April – Bernadette lebte das Geheimnis der Armut und Einfachheit und der außergewöhnlichen Treue zum Evangelium in der Nachfolge Christi, in allem Gott-ergeben.

Ewiger Gott, du hast Bernadette in dein Leben aufgenommen nach ihrem Leben im Leiden und in der Liebe. Du krönst deine Heiligen im Licht. Du selbst bist ihr seliger Lohn. – Sie war die Visionärin von Massabielle und die Sprache der lieben Jungfrau-Mutter Maria, die will, dass wir Menschen umkehren und uns hinkehren zu dir, Gott, und deiner heiligen und heilenden Weisung. Durch der Heiligen Fürbitte hilf uns in allem leben, wie du willst – zu deiner größeren Ehre und zum Heil der Menschen.

11. Gedanken und Worte von Bernadette

(aus Briefen und Niederschriften)

■ In ihrem Leiden betrachtet Bernadette oft und oft Christus am Kreuz: „Das Leiden ist gut für den Himmel." – Zu einer kranken Mitschwester: „Nun komm schon, es ist für den lieben Gott. Wir müssen für ihn leiden. Schließlich hat er genug für uns gelitten."

■ Die „Die Schöne Dame" sagte sehr ernst und traurig: „Buße, Buße Buße!" Geh für die Sünder auf die Knie und bete zu Gott für ihre Bekehrung!"

■ „Ich werde nach Jesu Vorbild das Kreuz in meinem Herzen verborgen tragen ...Was für eine Torheit, in sich selbst verschlossen zu bleiben. Mein Gott, schenke mir die Liebe zum Kreuz!"

■ Bernadette ermutigt kranke Mitschwestern: „Liebt den lieben Gott, meine Kinder, das ist alles, was er von uns erwartet. – Lieben ist noch mehr wert als Opfer und Gebet."

■ „Gott lässt unsere Leiden zu ... Über das, was er will, sollten wir nicht klagen ...Wenn wir Gott lie-

ben, haben wir alles, was wir brauchen ... Ich unterwerfe mich dem Willen Gottes, um zu werden, was er aus mir machen will."

■ In einem Brief an ihre Schwester beim Tod ihrer beider Mutter: „Lass uns immer, auch wenn wir traurig sind, der väterlichen Hand Gottes untertan sein, die wir so hart zu spüren bekommen. Lass uns das Kreuz tragen und es umarmen."

■ Zu Waisenkindern in Varennes: „Meine Kinder, liebt die heilige Jungfrau. Betet viel zu ihr. Sie wird euch schützen ... Wenn ich einmal im Himmel bin, werde ich niemand vergessen."

■ Nach überstandenem, schweren Asthmaanfall zu Mitschwestern: „Ich bin wieder bei euch ... Man hat da oben (im Himmel) von mir noch nichts wissen wollen."

■ Bei der Pflege Schwerkranker: „Wir sollten nicht vergessen, in der Person des Armen unseren gekreuzigten Herrn selbst zu sehen ... Je abstoßender der Arme ist, desto mehr Liebe verdient er."

■ Zum Abschied von einer Freundin: „Man braucht sich kein Souve-

nir mitgeben, wenn man sich gern hat ... Liebe soll mit keinem Maß gemessen und Hingabe mit keiner Waage aufgewogen werden."

■ Auf die Frage, ob sie nach Lourdes Heimweh habe: „Ich habe Lourdes losgelassen und geopfert. Ich werde die heilige Jungfrau im Himmel sehen; das wird noch schöner sein."

■ Zu einer jungen Mitschwester: „Sie müssen lernen, das Leiden zu lieben. Unser Herr reicht seine Dornenkrone an seine Freunde weiter."

■ Aus ihrem Brief an Papst Leo XIII. (1873–1903): „Meine Waffen sind Gebet und Opfer, die ich bis zu meinem letzten Atemzug nicht ablegen werde. Dann erst wird die Waffe des Opfers sinken; die des Gebetes jedoch wird mich bis zum Himmel begleiten, wo sie noch weitaus mächtiger sein wird."

■ Die heilige Jungfrau an Bernadette: „Ich verspreche Ihnen nicht, Sie in dieser Welt, wohl aber in der anderen Welt glücklich zu machen." – Bernadette in der Karwoche, kurz

Caritas

Edles Abbild von Gottes Wesen und Art, Liebe – er selbst, ganz Liebe, nur Liebe.
Von dieser Liebe leben wir, in dieser Liebe sind wir. –
Gezeichnet mit dem Siegel Liebe sind wir gesendet, sie zu leben im Dienst und zur Hilfe für den Nächsten, der uns gegeben und aufgegeben,
und für den Bedürftigen, dass ihm geholfen wird.
Liebe, kostbar und köstlich wie Brot, von dem wir Tag für Tag leben, und von dem auch unser Mitmensch leben und überleben soll.
Liebe, die Gott leidenschaftlich sucht und sich ihm hingibt:
Du und Du allein!

vor ihrem Tod: „Ich werde gemahlen wie ein Weizenkorn ... Ich hätte nicht geglaubt, dass man so viel leiden muss, um zu sterben." Und das Kreuz in Händen: „Mein Jesus, o wie liebe ich dich."

Die gekrönte Jungfrau Maria (Vierge Couronnée) auf dem Rosenkranzplatz

III. Gebete

1. Rosenkranz-Gebet

Eröffnung: Im Namen des Vaters ...
Ich glaube an Gott...Ehre sei dem
Vater...Vater unser...
Gegrüßet seist du, Maria ...
der in uns den Glauben vermehre
Heilige Maria, Mutter Gottes ...
Gegrüßet seist du, Maria ...
der in uns die Hoffnung stärke –
Heilige Maria, Mutter Gottes ...
Gegrüßet seist du, Maria ...
der in uns die Liebe entzünde –
Heilige Maria, Mutter Gottes ...
Ehre sei dem Vater und dem Sohn
und dem Heiligen Geist, wie im An-
fang, so auch jetzt und alle Zeit und
in Ewigkeit. Amen.

Vater unser ... Gegrüßet seist du,
Maria ... Hier werden die Gesätze
des gewählten Rosenkranzes einge-
fügt, jeweils 10-mal; danach folgt
die Doxologie, das Ehre sei dem Vater ... Das neue Gesätz beginnt wieder mit Vater unser ... Gegrüßet
seist du, Maria ...

Freudenreicher Rosenkranz
Jesus, den du, o Jungfrau, vom Heiligen Geist empfangen hast
Jesus, den du, o Jungfrau, zu Elisa-
beth getragen hast
Jesus, den du, o Jungfrau, geboren
hast
Jesus, den du, o Jungfrau, im Tempel
aufgeopfert hast
Jesus, den du, o Jungfrau, im Tempel
wiedergefunden hast

Lichtreicher Rosenkranz
Jesus, der von Johannes getauft
worden ist
Jesus, der sich bei der Hochzeit in
Kana offenbart hat
Jesus, der uns das Reich Gottes
verkündet hat
Jesus, der auf dem Berg verklärt
worden ist
Jesus, der uns die Eucharistie
geschenkt hat

Schmerzhafter Rosenkranz
Jesus, der für uns Blut geschwitzt
hat
Jesus, der für uns gegeißelt worden
ist
Jesus, der für uns mit Dornen
gekrönt worden ist

Blick in die Apsis der Rosenkranz-Basilika, ausgestattet mit Mosaikbildern von den Rosenkranz-Geheimnissen

Jesus, der für uns das schwere Kreuz getragen hat
Jesus, der für uns gekreuzigt worden ist

Glorreicher Rosenkranz
Jesus, der von den Toten auferstanden ist
Jesus, der in den Himmel aufgefahren ist
Jesus, der uns den Heiligen Geist gesandt hat
Jesus, der dich, o Jungfrau, in den Himmel aufgenommen hat
Jesus, der dich im Himmel gekrönt hat

Trostreicher Rosenkranz
Jesus, der als König herrscht
Jesus, der in seiner Kirche lebt und wirkt
Jesus, der wiederkommen wird in Herrlichkeit
Jesus, der richten wird die Lebenden und die Toten
Jesus, der alles vollenden wird

Kranken-Rosenkranz
Jesus, der du die Kranken liebst
Jesus, der du die Kranken segnest
Jesus, der du die Kranken tröstest
Jesus, der du die Kranken heilst
Jesus, der du die Kranken rettest

Friedens-Rosenkranz
Jesus, du bist Gottes Friede (Eph 2,14)
Jesus, du hast Frieden gestiftet am Kreuz (Kol 1,20)
Jesus, du schenkst Frieden zu jeder Zeit (2 Thess 3,16)
Jesus, du zeigst uns den Weg zum Frieden (Lk 1,79)
Jesus, du erweckst Menschen des Friedens (Röm 14,19)

2. Kreuzweg
Von der Betrachtung zur Nachfolge

1. Station: Jesus wird zum Tode verurteilt (Joh 19,12–16a)
Jesu Schuld ist, unschuldig zu sein.
Bitte: Für alle unschuldig Verfolgten und Verurteilten.

2. Station: Jesus nimmt das Kreuz auf seine Schultern (Joh 10,17.18/19,17)
Jesus ist der Lastträger für uns Menschen.
Bitte: Für die, die unter einer Last tragen müssen.

3. Station: Jesus fällt zum ersten Mal unter dem Kreuz (Mk 14,35–36)
Jesus schmeckt die Erde; er ist uns so nah.
Bitte: Für alle, die am Boden liegen und in ihrer Not aufgeben wollen.

Zehnte Kreuzwegstation am Espélugues: „Jesus wird seiner Kleider beraubt"

4. Station: Jesus begegnet seiner Mutter (Joh 19,25–27)
Jesus erfährt, wie Mütter leiden können.
Bitte: Für die, die andere im Leid nicht allein lassen.

5. Station: Simon von Zyrene hilft Jesus das Kreuz tragen (Lk 23,26)
Jesus sagt uns: Im Tragen zeigt sich der Berufenen Kraft.
Bitte: Für die, die schon lange das Kreuz ihres Nächsten mittragen.

6. Station: Veronika reicht Jesus das Schweißtuch (Jes 53,2b–3)
Jesus nimmt den liebenden Dienst an und schenkt sein Bild zurück.
Bitte: Für die, die im Dienst der Leidenden und Kranken stehen.

7. Station: Jesus fällt zum zweiten Mal unter dem Kreuz (Röm 8,32)
Jesus hat einen langen und schweren Kreuz-Weg zu gehen.
Bitte: Für uns alle, dass wir nicht auf halbem Weg liegenbleiben.

8. Station: Jesus begegnet den weinenden Frauen (Lk 23,27–28)
Jesus nimmt die Tröstung der Mitleidenden an.
Bitte: Für alle, die den Mut haben, Unmenschlichkeiten zu durchbrechen.

9. Station: Jesus fällt zum dritten Mal unter dem Kreuz (Ps 102,6.10)
Jesus fällt in seiner Schwäche nur noch tiefer in die Hand des Vaters.
Bitte: Für Verzagte und Verzweifelte, dass sie sich in Gott hineinfallen lassen.

10. Station: Jesus wird seiner Kleider beraubt (Mt 27,27–30)
Jesus ist der ausgezogene, entwürdigte Mensch wie viele unserer Mitmenschen.
Bitte: Für alle Erniedrigten, Mißbrauchten, Ausgenutzten, Verletzten.

11. Station: Jesus wird an das Kreuz genagelt (Lk 23,32–33)
Jesus hängt zwischen Himmel und Erde, um beide zu versöhnen.
Bitte: Für Christus-Nachfolgende, dass sie den Ernstfall der Liebe annehmen.

12. Station: Jesus stirbt am Kreuz (Mk 15,33–37)
Jesus vollendet seine Hingabe bis zum Letzten – in der Liebe.
Bitte: Für Sterbende und Verstorbene, dass sie ihr Leben Gott zurückgeben.

13. Station: Jesus wird vom Kreuz abgenommen und in den Schoß seiner Mutter gelegt
(Joh 19,28–30)
Jesus, am Kreuz erhöht, wird der Erde zurückgegeben – zu ihrem Heil.
Bitte: Für Menschen, die Sterbende begleiten und sich ihrer annehmen.

14. Station: Jesu Leichnam wird ins Grab gelegt (Mk 15,42–46)
Jesus ist das Weizenkorn im Acker der Welt, um als Saatgut Gottes aufzugehen.
Bitte: Für uns: Wir brauchen das Grab, um ins Licht Gottes aufzuerstehen.

15. Station: Jesus, vom Tode auferweckt, lebt. Halleluja! (Lk 24,1–6a)
Jesus hat den Tod besiegt und uns das Leben neu eröffnet.
Bitte: Für die ganze Christenheit: Um österliche Hoffnung und Freude.

Vierzehnte Kreuzwegstation: „Jesu Leichnam wird ins Grab gelegt"

3. Tagzeiten-Gebete

Morgenlob

Die Nacht ist vergangen, wir schauen erwartend den steigenden Tag und grüßen dich, Christus.
Schon ruft uns die Taube, wir horchen, verlangend zu folgen dem Ruf unseres Herrn, Jesus Christus.
Die Nebel entweichen im Glanze der strahlenden Klarheit und Kraft des kommenden Christus.
Wir loben den Vater und preisen im Geiste die Sonne des Heils, den herrlichen Christus. Amen.

Mittagslob

O Gott, du lenkst mit starker Hand den wechselvollen Lauf der Welt, machst, dass den Morgen mildes Licht, den Mittag voller Glanz erhellt.
Lösch aus den Geist der Leidenschaft und tilge allen Hass und Streit; erhalte Geist und Leib gesund, schenk Frieden uns und Einigkeit. Du Gott des Lichts, auf dessen Reich der helle Schein der Sonne weist, dich loben wir aus Herzensgrund, Gott Vater, Sohn und Heilger Geist. Amen.

Abendlob

O Gott, dein Wille schuf die Welt und ordnet der Gestirne Bahn,
umgibt den Tag mit hellem Licht, gewährt zur Ruhe uns die Nacht.
Als Dank für den vollbrachten Tag, den deine Güte uns geschenkt, nimm an des Wortes heil'gen Dienst, den Lobgesang zu deinem Ruhm.
Dir schließt sich unsre Seele auf, voll Freude preist dich unser Mund, in Ehrfurcht dient dir unser Geist, in Liebe sucht dich unser Herz.
Wenn uns die Sonne untergeht und Finsternis den Tag beschließt, kennt unser Glaube keine Nacht: Im Dunkel strahlt sein Licht uns auf.
Den Sohn und Vater bitten wir und auch den Geist, der beide eint: Du starker Gott, Dreifaltigkeit, behüte, die auf dich vertraun.
Amen.

Nachtgebet

Bevor des Tages Licht vergeht, o Herr der Welt, hör dies Gebet: Behüte uns in dieser Nacht durch deine große Güt' und Macht.
Hüllt Schlaf die müden Glieder ein, lass uns in dir geborgen sein und mach am Morgen uns bereit zum Lobe deiner Herrlichkeit.
Dank dir, o Vater, reich an Macht, der über uns voll Güte wacht und mit dem Sohn und Heilgen Geist des Lebens Fülle uns verheißt.
Amen.

Die Anbetungskapelle, in der das Allerheiligste Sakrament ausgesetzt ist

4. Eucharistische Hymnen/ Gebete

Lauda Sion salvatorem
Lauda ducem et pastorem in hymnis et canticis.
Quantum potes, tantum aude:
Quia maior omni laude, nec laudare sufficis.
Laudis thema specialis,
panis vivus et vitalis hodie proponitur.
Sumunt boni, sumunt mali:
Sorte tamen inequali, vitae vel interitus.
Mors et malis, vita bonis;
vide, paris sumtionis quam sit dispar exitus.

Deinem Heiland, Sion, preise.
Lobe ihn in Wort und Weise,
der dir Hirt und Führer ist.
Was du kannst, das sollst du wagen,
ihm gebührend Lob zu sagen
man vergebens sich vermisst.
Brot, des Lob das Lied verkündet,
das, lebendige Leben zündet,
biet sich heute festlich dar.
Gute kommen, Böse kommen; doch nicht jedem will es frommen,
Leben brings und Todesbann.
Bösen: Tod; den Guten: Leben;
sieh, das Gleiche wird gegeben,
doch nicht Gleiches man gewann.

Adoremus in aeternum sanctissimum Sacramentum.
Quoniam confirmata est super nos misericordia ejus –
et veritas Domini manet in aeternum:
Gloria patri et Filio et Spiritui sancto –
sicut erat in principio, et nunc et semper et in saecula saeculorum. Amen.
Adoremus in aeternum sanctissimum Sacramentum.

Angebetet sei ohne End der Herr im Sakrament.
Ihr Völker alle, lobt den Herren,
lobt ihn, Nationen alle.
Denn sein Erbarmen waltet über uns gar machtvoll
und seine Treue währet ewig.
Ehre sei dem Vater und dem Sohne
und dem Heiligen Geiste.
Wie im Anfang, so auch jetzt und allezeit und in Ewigkeit. Amen.
Angebetet sei ohne End der Herr im Sakrament.

Tantum ergo sacramentum
veneremur cernui,
et antiquum documentum novo cedat ritui
praestet fides supplementum sensuum defectui.

Inneres der Kirche S. Bernadette, 1988 eingeweiht, 5000 Pilger aufnehmend

Genitori Genitoque laus et jubilatio, salus, honor, virtus quoque sit et benedictio.
Procedenti ab utroque compar sit laudatio. Amen.

Panem de caelo praestitisti eis. – Omne delectamentum in se habentem.
Oremus. Deus, qui nobis sub sacramento mirabili passionis tuae memoriam reliquisti:

tribue, quaesumus, ita nos corporis et sanguinis tui sacra mysteria venerari,
ut redemptionis tuae fructum in nobis jugiter sentiamus.
Qui vivis et regnas in saecula saeculorum. Amen.

Sakrament der Liebe Gottes:
Leib des Herrn, sei hochverehrt,
Mahl, das uns mit Gott vereinigt,

Brot, das unsre Seele nährt,
Blut, in dem uns Gott besiegelt
seinen Bund, der ewig währt.

Lob und Dank sei Gott, dem Vater,
der das Leben uns verheißt,
seinem Wort, dem ewgen Sohne,
der im Himmelsbrot uns speist;
auch der Born der höchsten Liebe
sei gelobt, der Heilge Geist. Amen.

Brot vom Himmel hast du uns
gegeben. –
Das alle Erquickung in sich birgt.
Lasset uns beten: Herr Jesus Christus, im wunderbaren Sakrament
des Altares
hast du uns das Gedächtnis deines
Leidens und deiner Auferstehung
hinterlassen.
Gib uns die Gnade, die heiligen Geheimnisse deines Leibes und Blutes
so zu verehren,
dass uns die Frucht der Erlösung
zuteil wird.
Der du lebst und herrschest
in Ewigkeit. Amen.

Das Geheimnis lasst uns künden,
das uns Gott im Zeichen bot:
Jesu Leib für unsre Sünden hin-
gegeben in den Tod,

Jesu Blut, in dem wir finden Heil
und Rettung aus der Not.
Von Maria uns geboren, ward
Gottes Sohn uns Menschen gleich,
kam, zu suchen, was verloren,
sprach das Wort vom Himmelreich,
hat den Seinen zugeschworen:
Allezeit bin ich bei euch.
Auf geheimnisvolle Weise macht er
dies Versprechen wahr;
als er in der Jünger Kreise bei dem
Osterlamme war,
gab in Brot und Wein zur Speise sich
der Herr den Seinen dar.
Gottes Wort, ins Fleisch gekommen,
wandelt durch sein Wort den Wein
und das Brot zum Mahl der Frommen, lädt auch die Verlornen ein.
Der Verstand verstummt beklom-
men, nur das Herz begreifts allein.
Gott ist nah in diesem Zeichen:
knieet hin und betet an.
Das Gesetz der Furcht muss weichen, da der Neue Bund begann;
Mahl der Liebe ohnegleichen:
nehmt im Glauben teil daran.
Gott, dem Vater und dem Sohne,
singe Lob, du Christenheit;
auch dem Geist auf gleichem Throne sei der Lobgesang geweiht.
Bringet Gott im Jubeltone Ehre,
Ruhm und Herrlichkeit. Amen.

5. Bitt- und Hingabegebete

Pater noster, qui es in caelis;
sanctificetur nomen tuum;
adveniat regnum tuum;
fiat voluntas tua, sicut in caelo, et in terra.
Panem nostrum cotidianum da nobis hodie;
et dimitte nobis debita nostra,
sicut et nos dimittimus debitoribus nostris;
et ne nos inducas in tentationem;
sed libera nos a malo. –
Quia tuum est regnum, et postestas,
et gloria in saecula. Amen.

Vater unser im Himmel.
Geheiligt werde dein Name.
Dein Reich komme.
Dein Wille geschehe, wie im Himmel, so auf Erden.
Unser tägliches Brot gib uns heute.
Und vergib uns unsere Schuld,
wie auch wir vergeben unsern Schuldigern.
Und führe uns nicht in Versuchung,
sondern erlöse uns von dem Bösen.
Denn dein ist das Reich und die Kraft
und die Herrlichkeit in Ewigkeit.
Amen.

Herr, wie du willst, soll mir geschehn, und wie du willst, so will ich gehn.
Hilf deinen Willen nur verstehn.
Herr, wann du willst, dann ist es Zeit; und wann du willst, bin ich bereit,
heut und in alle Ewigkeit.
Herr, was du willst, das nehm ich hin, und was du willst, ist mir Gewinn;
genug, dass ich dein Eigen bin.
Herr, weil du's willst, drum ist es gut; und weil du's willst, drum hab ich Mut,
mein Herz in deinen Händen ruht.
(P. Rupert Mayer)

Mein Herr und mein Gott, nimm alles von mir, was mich hindert zu dir.
Mein Herr und mein Gott, gib alles mir, was mich führt zu dir.
Mein Herr und mein Gott, nimm mich mir und gib mich ganz zu eigen dir.
(Nikolaus vom Flüe)

Mach alles wahr, wie du es planst in deinem Rat.
Wenn still du dann zum Opfer mahnst, hilf auch zur Tat.
Lass übersehn mich ganz mein kleines Ich,
dass ich, mir selber tot, nur leb für dich.　　　　　(Edith Stein)

Gott, ich rufe zu dir.
Hilf mir beten und meine Gedanken sammeln zu dir;
ich kann es nicht allein.
In mir ist es finster, aber bei dir ist das Licht;
in mir ist es einsam, aber du verlässt mich nicht;
ich bin kleinmütig, aber bei dir ist die Hilfe;
ich bin unruhig, aber bei dir ist Friede;
in mir ist Bitterkeit, aber bei dir ist die Geduld;
ich verstehe deine Wege nicht, aber du weißt den Weg.
(Dietrich Bonhoeffer)

Herr, zu bitten für morgen schon,
ich kann es nicht.
Gib mir nur heute deine Gnade –
und die ist genug.
(Teresa von Avila)

Herr, bleibe bei uns
als das Licht in unserer Finsternis;
als die Macht in unserer Ohnmacht;
als der Mut in unserem Glauben;
als die Kraft in unserer Anfechtung;
als das Erbarmen in unserer Sünde;
als das Heil in unserer Krankheit;
als der Friede in unserer Friedlosigkeit;

Hauptaltarbild in der Basilika der Unbefleckten Empfängnis (Obere Basilika)

als die Hoffnung in unserem Sterben;
als das Leben in unserem Tod.
Herr, bleibe bei uns am Abend dieses Tages
und am Abend unseres Lebens.
(Le)

Nimm an, o Herr, meinen Willen,
mein Gedächtnis, meinen Verstand
und alles, was ich habe.
Alles ist von dir
und ich überlasse mich dir wieder.
Gib mir nur die Liebe zu dir
und deine Gnade;
und ich bin reich genug
und suche nichts weiter.
(Ignatius v. Loyola)

Gott, lass mich hoffen:
Nimm mich an deine Hand und führe mich;
weise mir den Weg und geh mit mir;
stärke mich und lass mich treu sein;
ermutige mich und gib neuen Mut;
steh mir bei und hilf tragen mein Kreuz;
verlass mich nicht und bleib bei mir;
liebe mich und vollende mein Leben.
Gott, lass mich hoffen. (Le)

Jesus, du bist der Weg, der mich sicher führt;

du bist die Wahrheit, nach der ich
fragend unterwegs bin;
du bist das Leben, für das ich geschaffen, das ich liebe;
du bist das Licht, das mich erleuch-
tet und wärmt;
du bist das lebendige Wasser, das
mich reinmacht und erquickt;
du bist das Brot des Himmels, das
mir Kraft ist für meinen Weg;
du bist der Hirte, der mich sucht
und heimträgt;
du bist die Tür, welche mir die
Freiheit Gottes eröffnet;
du bist die Auferstehung, die meine
Tode besiegt;
du bist der Sohn des Allerhöchsten,
der mich zum Vater heimbringt.
(Le)

Friedensbitte

Gott, mach uns zu Menschen
deines Friedens:
dass wir den andern annehmen,
wo andere sich distanzieren;
dass wir das Du bestehen lassen,
wo andere herumkritisieren;
dass wir zusammenbringen,
wo andere auseinander laufen;
dass wir vermitteln, wo andere sich
streiten;
dass wir verzeihen, wo andere
verurteilen und verletzen;
dass wir miteinander sprechen,
wo andere nur noch schweigen;
dass wir lieben, wo andere hassen
und neiden;
dass wir treu sind, wo andere von-
einander nichts mehr wissen
wollen;
dass wir teilen und austeilen,
wo andere für sich behalten;
dass wir heilen, wo andere ver-
wunden;
dass wir bergen, wo andere ver-
stoßen;
dass wir zum Leben verhelfen,
wo andere aufgeben.
Gott, mach uns zu Menschen
deines Friedens. (Le)

6. Psalmen-Gebete

Dem Herrn gehört die Erde

und was sie erfüllt, der Erdkreis und seine Bewohner.

Denn er hat ihn auf Meere gegründet, ihn über Strömen befestigt.

Wer darf hinaufziehn zum Berg des Herrn, wer darf stehn an seiner heiligen Stätte?

Der reine Hände hat und ein lauteres Herz,

der nicht betrügt und keinen Meineid schwört.

Er wird Segen empfangen vom Herrn

und Heil von Gott, seinem Helfer.

Das sind die Menschen, die nach ihm fragen,

die dein Antlitz suchen, Gott Jakobs.

Ihr Tore, hebt euch nach oben,

hebt euch, ihr uralten Pforten;

denn es kommt der König der Herrlichkeit.

Wer ist der König der Herrlichkeit?

Der Herr, stark und gewaltig,

der Herr, mächtig im Kampf.

Ihr Tore, hebt euch nach oben,

hebt euch, ihr uralten Pforten;

denn es kommt der König der Herrlichkeit.

Wer ist der König der Herrlichkeit?

Der Herr der Heerscharen,

er ist der König der Herrlichkeit.

(Wallfahrtspsalm 24)

Wie liebenswert ist deine Wohnung, Herr der Heerscharen!

Meine Seele verzehrt sich in Sehnsucht nach dem Tempel des Herrn.

Mein Herz und mein Leib jauchzen ihm zu, ihm, dem lebendigen Gott.

Auch der Sperling findet ein Haus und die Schwalbe ein Nest für ihre Jungen –

deine Altäre, Herr der Heerscharen, mein Gott und mein König.

Wohl denen, die wohnen in deinem Haus, die dich allezeit loben.

Wohl den Menschen, die Kraft finden in dir, wenn sie sich zur Wallfahrt rüsten.

Ziehen sie durch das trostlose Tal, wird es für sie zum Quellgrund,

und Frühregen hüllt es in Segen.

Sie schreiten dahin mit wachsender Kraft; dann schauen sie Gott auf dem Zion.

Herr der Heerscharen, höre mein Beten, vernimm es, Gott Jakobs!

Gott, sieh her auf unsern Schild, schau auf das Antlitz deines Gesalbten!

Denn ein einziger Tag in den Vorhöfen deines Heiligtums ist besser als tausend andere.

Lieber an der Schwelle stehen im Haus meines Gottes als wohnen in den Zelten der Frevler. Denn Gott, der Herr, ist Sonne und Schild; er schenkt Gnade und Herrlichkeit.

Der Herr versagt denen, die recht-
schaffen sind, keine Gabe.
Herr der Heerscharen, wohl dem,
der dir vertraut.
(Wallfahrtspsalm 84)

**Ich hebe meine Augen auf zu den
Bergen:**
Woher kommt mir Hilfe?
Meine Hilfe kommt vom Herrn, der
Himmel und Erde gemacht hat.
Er lässt deinen Fuß nicht wanken;
er, der dich behütet, schläft nicht.
Nein, der Hüter Israels schläft und
schlummert nicht.
Der Herr ist dein Hüter, der Herr gibt
dir Schatten, er steht dir zur Seite.
Bei Tag wird dir die Sonne nicht scha-
den, noch der Mond in der Nacht.
Der Herr behüte dich vor allem
Bösen, er behüte dein Leben.
Der Herr behüte dich, wenn du fort-
gehst und wiederkommst,
von nun an bis in Ewigkeit.
(Wallfahrtspsalm 121)

Der Herr ist mein Hirte,
nichts wird mir fehlen.
Er lässt mich lagern auf grünen
Auen
und führt mich zum Ruheplatz
am Wasser:

**Abendliche Lichterprozession an der
Gave entlang**

er stillt mein Verlangen; er leitet mich auf rechten Pfaden,
treu seinem Namen.
Muss ich auch wandern in finsterer Schlucht,
ich fürchte kein Unheil; denn du bist bei mir,
dein Stock und dein Stab geben mir Zuversicht.
Du deckst mir den Tisch vor den Augen meiner Feinde.
Du salbst mein Haupt mit Öl, du füllst mir reichlich den Becher.
Lauter Güte und Huld werden mir folgen mein Leben lang,
und im Haus des Herrn darf ich wohnen für lange Zeit.
(Hirtenpsalm 23)

Aus der Tiefe rufe ich, Herr, zu dir;
Herr, höre meine Stimme!
Wende dein Ohr mir zu,
achte auf mein lautes Flehen!
Würdest du, Herr, unsere Sünden beachten,
Herr, wer könnte vor dir bestehen?
Doch bei dir ist Vergebung,
damit man in Ehrfucht dir dient.
Ich hoffe auf den Herrn, es hofft meine Seele,
ich warte voll Vertrauen auf sein Wort.
Meine Seele wartet auf den Herrn mehr als die Wächter auf den Morgen.

Mehr als die Wächter auf den Morgen
soll Israel harren auf den Herrn.
Denn beim Herrn ist die Huld,
bei ihm ist Erlösung in Fülle:
Er wird Israel erlösen
von all seiner Schuld und Sünde.
(Bußpsalm 130)

Herr, ich leide Not,
meine Sorgen bedrücken mich.
Deshalb schreie ich zu dir um Hilfe,
mein Augen schauen aus nach dir.
Herr, komm du mir entgegen,
tritt du für mich ein.
Du weißt ja um mich,
sei bei mir und rette mich.
Lass mich wieder genesen und leben.
Schenk mir deine Nähe und Tröstung.
Nimm dich meiner an und steh mir bei.
All mein Vertrauen setze ich auf dich.
(nach Jes 38)

Lobe den Herrn, meine Seele,
meine ganzes Leben seinen heiligen Namen.
Lobe den Herrn, meine Seele,
und vergiss nicht das Gute, das er getan.
Er ist es, der deine Schuld verzeiht,
all deine Krankheiten heilt

und dein Leben vom Tod dir errettet,
der erbarmend und gütig dir hilft,
dass sich erneuert deine
Lebenskraft.
Er tut, wie er versprochen,
allen Bedrückten steht er bei.
Nicht nach unseren Sünden
vergilt er
und rechnet nicht auf die Schwere
der Schuld;
vielmehr erbarmt er sich wie ein
Vater seiner Kinder.
So hoch wie der Himmel über
der Erde,
so weit der Morgen vom Abend
entfernt ist,
wartet Gott in langer Geduld
auf den Sünder.
Er verzeiht allen, die sich zu ihm
bekehren,
schenkt Heil denen, die seinen
Bund bewahren.
Gott ist der Herr über Himmel
und Erde,
in seiner Macht regiert er das All.
Lobet, ihr Menschen, seine Größe,
preist ihn wegen seiner wunderbaren Werke
an allen Orten seines Waltens.
Lobe den Herrn, meine Seele,
und vergiss nicht das Gute,
das er getan.
(Dankpsalm 102)

Ich will den Herrn loben,
solange ich lebe,
meinem Gott singen und spielen,
solange ich da bin.
Verlasst euch nicht auf Fürsten, auf
Menschen,
bei denen es doch keine Hilfe gibt.
Haucht der Mensch sein Leben aus
und kehrt er zurück zur Erde,
dann ist es aus mit all seinen
Plänen.
Wohl dem, dessen Halt der Gott
Jakobs ist
und der seine Hoffnung auf den
Herr, seinen Gott, setzt.
Der Herr hat Himmel und Erde
gemacht,
das Meer und alle Geschöpfe;
er hält ewig die Treue.
Recht verschafft er den Unterdrück-
ten, den Hungernden gibt er Brot;
der Herr befreit die Gefangenen.
Der Herr öffnet den Blinden
die Augen,
er richtet die Gebeugten auf.
Der Herr beschützt die Fremden
und verhilft den Waisen und
Witwen zu ihrem Recht.
Der Herr liebt die Gerechten,
doch die Schritte der Frevler leitet er
in die Irre.
Der Herr ist König auf ewig,
dein Gott, Zion, herrscht von
Geschlecht zu Geschlecht.
(Lobpreispsalm 146).

7. Kranken-Gebete

Herr, erinnere dich, dass es mich gibt.
Ich bin krank, ich kann nicht mehr.
Sorgen mache ich mir,
wie es mit mir weitergehen kann.
Bei Tag und Nacht gräme ich mich.
Ich leide Schmerzen,
mich ängstigt so vieles. –
Herr, mein Gott, vergiss mich nicht.
Du kannst helfen, du vermagst zu heilen.
Sei mir Licht, dass es heller wird in mir.
Gib mir Kraft, dass ich bestehen kann,
was mir aufgegeben worden ist.
Hilf mir, loszulassen, was ich noch festhalte.
Hilf mir, mich in dich hineinzulassen,
in deine Obhut, in deine Hand, die mich birgt.
Und lass mich dir anvertrauen –
mein Geschick, mein Leben,
heute, morgen, immer.
Dir, meinem Gott, gehöre ich.
(Le)

Gott, sei du bei mir,
dann brauche ich nichts zu fürchten.
Sei du um mich,
dann bin ich sorgend umfangen und gehalten.
Sei du in mir,
dann weiß ich mich geliebt.
Sei du vor mir,
dann bin ich geleitet und geführt.
Sei du über mir,
dann bin ich behütet und gesegnet.
Sei du mit mir,
dann bin ich sicher und getrost.
(Le)

Du Gott meines Lebens,
ich glaube, dass du bist und für mich bist.
Du hast mich ins Leben gerufen,
mich gewollt und bejaht.
Du führst mich, du hältst mich,
du hast mich behütet bis zur Stunde.
Du hast meinen Namen in dein Herz geschrieben:
Du vergisst meiner nicht,
auch nicht in der Not, in meiner Erkrankung.
Ich vertraue dir ganz und in allem,
auch wenn ich nicht weiß, was du mit mir vorhast.
Ich glaube, du machst keinen Fehler,
du willst das Beste für mich, was mir zum Heile dient.
Deshalb übergebe ich mich dir
und deiner weisen und guten Führung.
Dir gehöre ich für Zeit und Ewigkeit:
Ich bete dich an, ich liebe dich.   (Le)

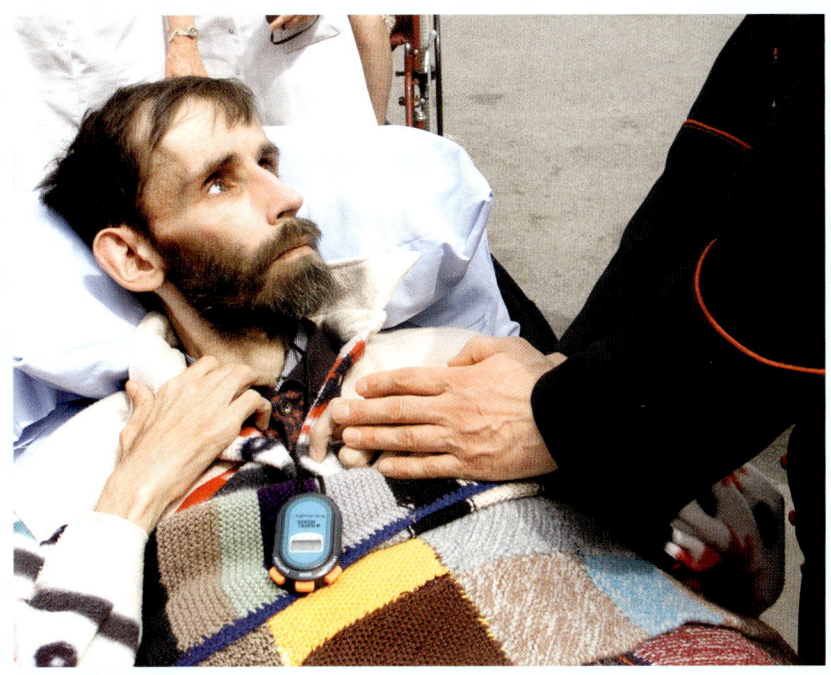

Krankenfürbitte und Krankensalbung in Lourdes

Wie mein Gott will,
bin ich bereit; er ist mir lieb
vor allen.
Auf dieser Welt mich nichts erfreut,
als ihm nur zu gefallen.
Kein Freud noch Leid mich von ihm
scheidt, kein Trübsal, Angst und
Schmerzen.
Soll's sein, so sei's! Mein Gott, der
weiß, dass ich ihn lieb von Herzen. –
Wie mein Gott will, es mir gefällt in
allen meinen Sachen.
Ich hab ihm alles heimgestellt, er

kann's zum Besten machen.
Es ist umsunst: Kein Witz noch
Kunst hilft wider Gottes Willen.
Soll's sein, so sei's! Er doch wohl
weiß, sein Willen zu erfüllen. –
Wie mein Gott will! Bis in den Tod
soll mich von ihm nichts scheiden.
Gern will ich Trübsal, Angst und Not
um seinetwillen leiden.
Allein ich bitt, dass er mich nit dort
lass' zuschanden werden.
Soll's sein, so sei's! Ins Paradeis fahr
ich von dieser Erden. –

Soll's sein, so sei's! Wie mein Gott
will. Sein Wille ist der beste.
Er hat mir schon gesetzt ein Ziel,
daran halt ich mich feste.
In Freud und Leid, zu aller Zeit helf
ich sein Werk vollbringen.
Soll's sein, so sei's! Lob, Ehr und
Preis will ich ihm ewig singen.
(T/M: München 1637)

Gott, mein Vater,
in meiner Not weiß ich keinen anderen Helfer als dich.
Nimm mich in deine Sorge, lass
mich unter deinem Schutz sein.
Oft bin ich so verzagt, meine Hoffnung ist schwach;
ich kann nicht mehr, meine Kraft ist
zu Ende.
Du prüfst mich, meine Wege hast
du gekreuzt, meine Pläne gelten
nicht mehr.
Ich stehe an einem Weg-Kreuz in
meinem Leben. –
Du heißt mich, dennoch weiterzu-
gehen – mit kleinen Schritten.
Mein Weg ist dir bereits bekannt,
schon hast du ihn für mich aus-
gesucht.
Stärke meinen Glauben, gib mir
neue Zuversicht:
Du wirst mich recht führen, du
wirst mich an deiner Hand halten.
Mein Leben gehört dir. Du bringst
meinen Weg zum Ziel:

Zu dir, meinem Gott und Vater, dem
ich mich überlasse. (Le)

Herr und Heiland Jesus Christus,
du hast dich der Notleidenden und
Kranken erbarmt.
Angerührt hast du sie mit deiner
segnenden Hand,
hast ihre Augen geöffnet,
ihr Gehör aufgetan,
ihren Mund zum Sprechen gebracht, ihre Füße gehen heißen.
So viele hast du an Leib und Seele
gesund gemacht. –
Schenk auch mir die Begegnung
mit dir, meinem Retter.
Du bist der Arzt, der im Namen
Gottes auch heute
Heil und Heilung und Heiligung
bewirkt;
der bestärkt und aufrichtet, der
berührt und gesund macht.
Ich bitte um dein Leben für mich,
um deine liebende Nähe und getrost machende Hoffnung,
um dein Mit-mir-sein, um dein gnä-
diges Erbarmen! (Le)

Erbarmender Gott,
ich ängstige mich – sei du bei mir;
ich bin krank – heile du mich;
ich fühle mich schwach –
steh du mir bei;
ich will verzagen – tröste mich;

ich bin schuldig geworden – nimm du mich an;
ich kann nicht mehr – sorge du für mich;
ich bin unruhig – lass du mich zum Frieden kommen;
ich weiß mich arm –
liebe du mich dennoch,
mein erbarmender Gott! (Le)

8. Christus-Anrufungen

Zu dir, unserem Mittler und Erlöser
Jesus Christus, rufen wir:
Christus, höre uns – Christus, erhöre uns!

Für Notleidende und Elende, die auf die Hilfe anderer angewiesen sind.
Schick ihnen gute Menschen, die schenkende Hände haben.

Für Altgewordene und Kranke, die Zuwendung und Umsorgung brauchen.
Schick ihnen Pflegende und Ärzte, die für sie verantwortlich da sind.

Für unheilbar Kranke, die schon lange ans Haus oder ans Bett gebunden sind:
Schick ihnen Liebende, die in Geduld und großer Einfühlung sie mittragen.

Für seelisch Verletzte und -Leidende, die nach Verstehen und Liebe rufen.
Schick ihnen begleitende Menschen, die sie aus ihrer Angst herausführen.

Für behinderte Mitmenschen, die es schwer haben in ihrem Leben.
Schick ihnen einfühlsame Nächste, die sie verstehen und bergen.

Für alle, die den Leidenden und Nicht-mehr-Könnenden dienen und helfen.
Schick ihnen die Kraft zur Mitmenschlichkeit, zur Barmherzigkeit, zur Ausdauer.

Für die Heimgehenden, die auf ihrem letzten Weg hier sind.
Schick ihnen beistehende Menschen, die sie betreuend und glaubend Gott anvertrauen.

Mittler und Erlöser Jesus Christus, bitte für uns beim Vater und leg dein gutes Wort für uns ein.
Richte uns auf und heile uns. Amen. (Le)

9. Segens-Gebete für Wallfahrer und Kranke

Der Herr segne und behüte uns.
Er lasse sein Angesicht über uns leuchten und sei uns gnädig.
Er schaue auf uns und schenke uns seinen Frieden,
er, Gott, der Vater und der Sohn und der Heilige Geist. Amen.
(Num 6,25/Aaronitischer Segen)

Der Segen und der Schutz
und die Liebe
des allmächtigen und des allgütigen Gottes,
des Vaters und des Sohnes und des Heiligen Geistes,
komme herab auf uns und verbleibe in uns allezeit. Amen.

Gott, führe uns aus der Nacht zum Licht,
aus der Sünde zur Versöhnung,
aus dem Streit zum Frieden,
aus der Ichsucht zur Nächstenliebe,
aus dem Vergänglichen zum Bleibenden,
aus der Heimatlosigkeit zur Geborgenheit,
aus dem Tod zum Leben:
Er, der Vater, der uns geschaffen,
er, der Sohn Jesus Christus, der uns erlöst,
er, der Heilige Geist, der uns geheiligt. Amen. (Le)

Herr-Gott, wir bitten
um deinen Segen:
Beschütze uns in Not und Gefahr,
bewahre uns im Glauben an dich,
führe uns deinen guten Weg bis zum Ende in deinem Namen:
Im Namen des Vaters und des Sohnes und des Heiligen Geistes.
Amen. (Le)

Gott, gib uns, was für uns gut ist:
Dein Wille geschehe!
Mach uns stark, deiner Weisung zu folgen:
In deiner Kraft vermögen wir alles.
Führe uns dorthin, wo du uns haben willst:
Du zeigst uns den Weg zum Heil:
Du, Gott, der Vater und der Sohn und der Heilige Geist. Amen. (Le)

Gott, segne der Leidenden gebeugten Sinn,
der Menschen bedrückende Einsamkeit,
ihr ruheloses, angstvolles Sein;
das Leid, das an ihnen zehrt,
gib Linderung ihren Schmerzen und Beistand in ihrer Not.
Lass sie auf dich ihre Hoffnung setzen,
hilf ihnen loszulassen, was sie unfrei macht,
und sich ganz dir zu überlassen –
im Glauben an deine Liebe. (Le)

Der Herr behüte mich

auf all meinen Wegen:
in Dunkelheit und im Licht,
in der Trauer und in der Freude,
im Glück und im Unglück,
in der Armut und im Reichtum,
in der Schuld und in der Gnade,
in Gesundheit und Krankheit,
im Leben und im Sterben.   (Le)

Die Gegenwart Gottes

mache mich ruhig und gewiss.
Die Macht Gottes helfe mir auf in
meiner Schwachheit.
Die Weisheit Gottes schenke mir
Erkenntnis und die Furcht des
Herrn.
Die Sorge Gottes umfange und
berge mich unter seinem Schutz.
Die Barmherzigkeit Gottes schenke
mir Vergebung und Versöhnung.

Die Heiligkeit Gottes heile und heilige mich in meinem ganzen Menschsein. (Le)

Mein Gott, hilf mir,
meine Dunkelheiten zu durchschreiten, ohne dass ich aufgebe;
mein Leid zu tragen, ohne dass ich daran verzage;
meine offenen Fragen auszuhalten, ohne dass ich den Glauben verliere;
meine Grenzen und mein Armsein zu bejahen, ohne dass ich verzweifle;
meine Krankheit geduldig zu ertragen, ohne dass ich mit dir hadere;
mein Aufgelastetes anzunehmen, ohne dass ich darunter erliege;
mein Kreuz aufzunehmen, ohne dass ich darunter zerbreche;
mein Vertrauen an deine Güte nicht aufzugeben, ohne dass ich an dir zweifle.
Mein Gott, hilf mir, ich bin so angewiesen auf dich:
Segne mich, behüte mich, liebe mich! (Le)

10. Marien-Gebete

Magnificat anima mea Dominum,
et exultavit spiritus meus
in Deo salutari meo.
Quia respexit humilitatem ancillae suae,
ecce enim ex hoc beatam me dicent omnes generationes.
Quia fecit mihi magna, qui potens est, et sanctum nomen eius.
Et misericordia eius a progenie in progenies timentibus eum.
Fecit potentiam in brachio suo, dispersit superbos mente cordis sui.
Deposuit potentes de sede,
et exaltavit humiles.
Esurientes implevit bonis,
et divites dimisit inanes.
Suscepit Israel, puerum suum,
recordatus misericordiae suae.
Sicut locutus est ad patres nostros,
Abraham et semini eius in saecula.
Gloria Patri et Filio et Spiritui Sancto.
Sicut erat in principio, et nunc et semper
et in saecula saeculorum. Amen.

Meine Seele preist die Größe des Herrn,
und mein Geist jubelt über Gott, meinen Retter.
Denn auf die Niedrigkeit seiner Magd hat er geschaut.

Siehe, von nun an preisen mich selig alle Geschlechter!
Denn der Mächtige hat Großes an mir getan,
und sein Name ist heilig.
Er erbarmt sich von Geschlecht zu Geschlecht
über alle, die ihn fürchten.
Er vollbringt mit seinem Arm machtvolle Taten;
er zerstreut, die im Herzen voll Hochmut sind;
er stürzt die Mächtigen vom Thron und erhöht die Niedrigen.
Die Hungernden beschenkt er mit seinen Gaben
und lässt die Reichen leer ausgehn.
Er nimmt sich seines Knechtes Israel an
und denkt an sein Erbarmen,
das er unsern Vätern verheißen hat,
Abraham und seinen Nachkommen auf ewig.
Ehre sei dem Vater und dem Sohn und dem Heiligen Geist,
wie im Anfang, so auch jetzt und alle Zeit
und in Ewigkeit. Amen. (Lk 1,46–55)

Ave Maria,
gratia plena, Dominus tecum,
benedicta tu in mulieribus,
et benedictus fructus ventris tui,
Jesus.

Betreute Kranke vor der Fassade der Rosenkranz-Basilika

Sancta Maria, Mater Dei,
ora pro nobis peccatoribus,
nunc et in hora mortis nostrae.
Amen. (Lk 1,28.42)

Gegrüßet seist du, Maria,
voll der Gnade,
der Herr ist mit dir.
Du bist gebenedeit unter den
Frauen,
und gebenedeit ist die Frucht
deines Leibes, Jesus.
Heilige Maria, Mutter Gottes,
bitte für uns Sünder
jetzt und in der Stunde unseres
Todes. Amen. (Lk 1,28.42)

Salve Regina, Mater misericordiae,
vita dulcedo, et spes nostra, salve.
Ad te clamamus, exsules, filii Hevae.
Ad te suspiramus,
gementes et flentes in hac
lacrimarum valle.
Eia ergo, advocata nostra,
illos tuos misericordes oculos ad
nos converte.
Et Jesum, benedictum fructum ventris tui,
nobis post hoc exsilium ostende.
O clemens, o pia, o dulcis Virgo
Maria.   (Antiphon, 10. Jh.)

Sei gegrüßt, o Königin,
Mutter der Barmherzigkeit;
unser Leben, unsre Wonne

und unsre Hoffnung, sei gegrüßt!
Zu dir rufen wir verbannte Kinder
Evas;
zu dir seufzen wir trauernd und
weinend
in diesem Tal der Tränen.
Wohlan denn, unsere Fürsprecherin,
wende deine barmherzigen Augen
uns zu und nach diesem Elend
zeige uns Jesus,
die gebenedeite Frucht deines
Leibes.

O gütige, o milde, o süße Jungfrau Maria! (Antiphon, 10. Jh.)

höre mich.
(Bernhard von Clairvaux)

Unter deinen Schutz und Schirm

fliehen wir, heilige Gottesmutter.
Verschmähe nicht unser Gebet in unseren Nöten,
sondern errette uns jederzeit aus allen Gefahren,
o du glorwürdige und gebenedeite Jungfrau,
unsere Frau, unsere Vermittlerin, unsere Fürsprecherin.
Führe uns zu deinem Sohne,
empfiehl uns deinem Sohne,
stelle uns vor deinem Sohne.
(frühkoptische Tradition)

Memorare

Gedenke, o gütigste Jungfrau Maria,
es ist noch nie gehört worden,
dass jemand, der zu dir seine Zuflucht nahm,
deinen Beistand anrief und um deine Fürbitte flehte,
von dir verlassen worden ist.
Von diesem Vertrauen beseelt,
nehme ich meine Zuflucht zu dir,
o Jungfrau der Jungfrauen, meine Mutter.
Zu dir komme ich, vor dir stehe ich als ein sündiger Mensch.
O Mutter des ewigen Wortes,
verschmähe nicht meine Worte,
sondern höre sie gnädig an und er-

O meine Gebieterin, o meine Mutter,

dir bringe ich mich ganz dar.
Und um dir meine Hingabe zu bezeigen,
weihe ich dir heute meine Augen, meinen Mund,
mein Herz, mich selber ganz und gar.
Weil ich also dir gehöre, o gute Mutter,
so bewahre mich, beschütze mich als dein Gut und als dein Eigentum.
Amen.
(Gebetstradition, 19. Jh.)

Jungfrau, Mutter Gottes mein,

lass mich ganz dein Eigen sein.
Dein im Leben, dein im Tod, dein in Unglück, Angst und Not.
Dein in Kreuz und bittrem Leid, dein für Zeit und Ewigkeit.
Jungfrau, Mutter Gottes mein, lass mich ganz dein Eigen sein.
Mutter, auf dich hoff und baue ich,
Mutter, zu dir ruf und seufze ich.
Mutter, du gütige, steh mir bei.
Mutter, du mächtige, Schutz mir verleih.
O Mutter, so komm, hilf beten mir.
O Mutter, so komm, hilf kämpfen mir.

O Mutter, so komm, hilf leiden mir.
O Mutter, so komm und bleib bei mir.
Du kannst mir ja helfen, o Mächtigste. Du willst mir ja helfen,
o Gütigste.
Du mögst mir nun helfen, o Treueste. Du wirst mir auch helfen, Barmherzigste.
O Mutter der Gnaden, der Christen Hort. Du Zuflucht der Sünder, des Heiles Port.
Du Hoffnung der Erde, des Himmels Zier, du Trost der Betrübten, ihr Schutzpanier.
Wer hat je umsonst deine Hilf angefleht? Wann hast du vergessen ein kindlich Gebet?
Drum ruf ich beharrlich in Kreuz und in Leid: Maria hilft immer, sie hilft jederzeit.
Ich ruf voll Vertrauen in Leiden und Tod: Maria hilft immer, in jeglicher Not.
So glaub ich und lebe und sterbe darauf: Maria hilft mir in den Himmel hinauf.
Jungfrau, Mutter Gottes mein, lass mich ganz dein Eigen sein.
Dein im Leben, dein im Tod, dein in Unglück, Angst und Not.
Dein in Kreuz und bittrem Leid, dein für Zeit und Ewigkeit.
Jungfrau, Mutter Gottes mein, lass mich ganz dein Eigen sein. Amen.
(Volksfrömmigkeit, 19. Jh.)

Heilige Mutter des Herrn,
deine Macht ist die Güte, deine Größe ist das Dienen.
Lehre uns, für Gott und die Menschen da zu sein.
Hilf uns, die Kraft des Versöhnens und des Vergebens zu finden.
Hilf uns, geduldig und demütig zu werden,
aber auch frei und mutig, wie du es in der Stunde des Kreuzes gewesen bist.
So bist du, den Segnenden tragend, selbst zum Segen geworden.
Segne uns alle, die Gesunden und die Kranken.
Zeige uns Jesus, die gebenedeite Frucht deines Leibes.
Bitte für uns Sünder, jetzt und in der Stunde unseres Todes. Amen.
(nach einem Gebet von P. Benedikt XVI., 2006)

Der Königin des Himmels gewidmet
Gute Mutter, wie glücklich war meine Seele,
als ich die Freude hatte, dich anzuschauen.
Wie gern erinnere ich mich an die süßen Augenblicke,
die ich unter deinen Augen verbringen durfte;
sie waren voll Güte und Barmherzigkeit für uns.

Ja, zärtliche Mutter, du bist auf die Erde herabgestiegen,
um einem schwachen Kind zu erscheinen ...
Du, Königin des Himmels und der Erde,
hast dich dessen bedient, was in den Augen der Welt
das Schwächste war.
(aus dem Tagebuch von Bernadette Soubirous, 1866)

Heilige Jungfrau,
in deiner himmlischen Glorie vergiss nicht das Elend dieser Erde.
Blicke erbarmungsvoll hernieder auf alle,
die leiden und krank sind,
die sich abmühen im Kampf mit den Widerwärtigkeiten
und Bitternissen dieses Lebens.
Habe Mitleid mit all denen, die sich lieben und die getrennt sind.
Habe Mitleid mit all denen, die einsam und verlassen sind.
Habe Mitleid mit unserem schwachen Glauben.
Erbitte das Erbarmen Gottes für alle, die wir lieben.
Tröste die, die weinen; bitte für die, die verzagen.
Für uns alle erbitte Hoffnung und Frieden. Amen.
(nach einem Gebet von Abbé Peyramale, † 8. 9. 1877)

IV. Marien-Lieder

Alle Tage sing und sage Lob der Himmelskönigin;
ihre Gnaden, ihre Taten, ehr, o Christ, mit Herz und Sinn.

Auserlesen ist ihr Wesen, Mutter sie und Jungfrau war.
Preis sie selig, überselig; groß ist sie und wunderbar.

Gotterkoren hat geboren sie den Heiland aller Welt,
der gegeben Licht und Leben und den Himmel offenhält.

Ihre Ehre zu vermehren, sei von Herzen stets bereit,
Benedeie sie und freue dich ob ihrer Herrlichkeit.   (T.: 1847, M.: 1613)

Den Herren will ich loben,
es jauchzt in Gott mein Geist;
denn er hat mich erhoben,
dass man mich selig preist.
An mir und meinem Stamme hat Großes er vollbracht,
und heilig ist sein Name, gewaltig seine Macht.

Barmherzig ist er allen, die ihm in Ehrfurcht nah'n;
die Stolzen lässt er fallen, die Schwachen nimmt er an.
Es werden satt aufstehen, die arm und hungrig sind;

die Reichen müssen gehen, ihr Gut
verweht im Wind.

Jetzt hat er sein Erbarmen mit Israel
vollbracht,
sein Volk mit mächt'gen Armen ge-
hoben aus der Nacht.
Der uns das Heil verheißen, hat einge-
löst sein Wort.
Drum werden ihn lobpreisen die
Völker fort und fort.
(Magnifikatlied, 1971/Melodie:
O Gott, nimm an die Gaben ...)

Die Schönste von allen,
von fürstlichem Stand,
kann Schönres nicht malen ein
englische Hand:
Maria mit Namen, an ihrer Gestalt
all Schönheit beisammen, Gott
selbst wohlgefallt.

Ihr Haupt ist gezieret mit goldener
Kron,
das Zepter sie führet am himmlischen Thron;
ein sehr starke Heldin, mit engli-
schem Schritt
der höllischen Schlange den Kopf
sie zertritt.

Wohlan denn, o Jungfrau, der Jungfrauen Bild,
von Tugenden strahlend, mit Gnaden erfüllt,
mit Sternen geschmücket, die Sonne dich kleidt;

die Engel, den Himmel dein Anblick
erfreut.

Die Sterne verlöschen, die Sonn',
die jetzt brennt,
wird einstens verdunkeln,
und alles sich endt.
Doch du wirst erstrahlen noch lang
nach der Zeit
in himmlischer Glorie
durch all Ewigkeit.
(aus Lothringen, 1927)

Gegrüßet seist, du, Maria,
voll der Gnade. Der Herr ist mit dir.
Du bist gebenedeit unter den
Frauen, und gebenedeit ist die
Frucht deines Leibes, Jesus.
Heilige Maria, Mutter Gottes,
bitte für uns Sünder jetzt und in
der Stunde unseres Todes. Amen.

**Glorwürdige Königin, himmlische
Braut,**
milde Fürsprecherin, reinste Jung-
frau!
Wende, o wende voll himmlischer
Ruh
deine barmherzigen Augen uns zu.
Mutter der Gütigkeit, Mutter des
Herrn,
über die Himmel weit leuchtender
Stern!
Wende, o weiseste Führerin du,
deine barmherzigen Augen uns zu!

Glänzende Lilie, Ros ohne Dorn,
Quell aller Glorie, Seligkeitsborn!
Wende, o mildeste Trösterin du,
deine barmherzigen Augen uns zu!

Pforte der Seligkeit, Reinigkeits-
schild,
Schutzwehr der Christenheit, selig
und mild!
Wende, o mächtige Schützerin du,
deine barmherzigen Augen uns zu!
(volkstümlich, 19. Jh.)

**Spätgotische Madonna mit Kind
(Rottweil-Neukirch)**

Gott hat dich von Ewigkeit her,
heil'ge Jungfrau auserwählt,
um uns zu schenken seinen Sohn.
Gnadenvolle, wir rufen zu dir:
Ave, ave, ave Maria!

Weil du geglaubt und weil du
geliebt, nimmst du, Dienerin des
Herrn, Anteil an seinem göttlichen
Werk. Gnadenvolle, wir loben dich
all: Ave…

Mutter Gottes, gütige Frau,
du schenkst allen deinen Sohn
zur Freude deines Schöpfers und
Herrn.
Gnadenvolle, wir rufen zu dir: Ave …

Unter deinen Schutz, unter deinen
Schirm
fliehen wir stets voll Vertrau'n.
Schütze uns alle, hör unser Fleh'n.
Gnadenvolle, wir rufen zu dir: Av e…

Du bleibst stets in unserer Näh'.
Bleibst bei uns in Freud und Leid,
dass uns're Herzen sind voller Freud.
Gnadenvolle, wir rufen zu dir: Ave …

O Maria, Vorbild für uns,
für die ganze Christenheit. Ganz
schön bist du, ohn' Makel der Sünd'.
Gnadenvolle, wir schauen zu dir:
Ave …   (Lécot/Décha, Frankreich)

Jungfrau wir dich grüßen,
o Maria hilf!
Fallen dir zu Füßen, o Maria hilf!

O Maria schütz uns all, hier in diesem Jammertal.

Wollst uns Hilf verleihen, o Maria hilf!
Uns vom Leid befreien, O Maria hilf!
O Maria schütz uns all ...

Aus der Sünde Ketten, o Maria hilf!
Wollest uns erretten, o Maria hilf!

Hungersnot abwende, o Maria hilf!
Trost den Armen spende, o Maria hilf!

Hilf uns all auf Erden, o Maria hilf!
Dass wir selig werden, o Maria hilf!

Wann die Seel muss scheiden,
o Maria hilf! Wollst du sie geleiten,
o Maria hilf!   (volkstümlich, 19. Jh.)

Lourdes-Lied

(ausgewählt aus 60 Strophen)
Ave, ave, ave Maria –
ave, ave, ave Maria!

Die Glocken verkünden
mit fröhlichem Laut
das Ave Maria, so lieb und so traut.
Ave ...

Der Engel geleitet mit sorgender Hand
das Kind Bernadette
an des Flusses Rand. Ave ...

Im Brausen des Windes das Mädchen vernimmt,
dass ihm eine Gnade des Himmels bestimmt. Ave ...

Auf Massabiell'schaut's
ein strahlendes Licht,
wie solches entstanden,
begreift es wohl nicht. Ave ...

Mit freundlichem Antlitz,
gar lieblich und mild,
erscheint dort ein himmlisches
Jungfrauenbild. Ave ...

Der Blick ist erfüllet
mit göttlichem Licht;
das freundliche Lächeln sagt:
„Fürchte dich nicht!" Ave ...

Weiß ist das Gewand
wie die Lilie der Au;
der Gürtel ist lang
und wie Himmel so blau. Ave ...

Und sieh, zu den Füßen,
da leuchtet in Gold
die himmlische Rose,
so duftend und hold. Ave ...

Der Rosenkranz schlinget sich
fromm um die Hand,
es wallet der Schleier herab aufs
Gewand. Ave ...

„O sprich, schöne Dame,
was willst du von mir?
Was immer dein Wunsch,
ich erfülle ihn dir!" Ave ...

„Gehorsames Kind!
Ich verspreche dafür,
dich glücklich zu machen
im Himmel, nicht hier." Ave ...

„Geh hin zu der Quelle,
ihr Wasser so rein,
es soll dies ein schönes Geschenk
von mir sein." Ave …

„O himmlische Dame,
ich bitte dich, sprich!
Wie ist doch dein Name?
Wie heißet man dich?" Ave …

„Die Sündlos-Empfang'ne",
so spricht sie, „bin ich;
die Makellos-Reine; nun kennest
du mich." Ave …

Die Grotte, die ehemals verlassen
und wild,
sie schmückt jetzt ihr heiliges,
himmlisches Bild. Ave …

O leite und führe uns,
himmlischer Stern,
zum Himmel, zur Heimat,
zu Gott, unserm Herrn! Ave …
(nach Abbé Gaignet, 1873/74)

**Maria, dich lieben ist allzeit
mein Sinn;**
dir wurde die Fülle der Gnaden
verliehn:
Du Jungfrau, auf dich hat der Geist
sich gesenkt;
du Mutter hast uns den Erlöser
geschenkt.

Dein Herz war der Liebe
des Höchsten geweiht;
du warst für die Botschaft
des Engels bereit.

Du sprachst: „Mir geschehe,
wie du es gesagt.
Dem Herrn will ich dienen,
ich bin seine Magd."

Du Frau aus dem Volke,
von Gott ausersehn,
dem Heiland auf Erden
zur Seite zu stehn,
kennst Arbeit und Sorge
ums tägliche Brot,
die Mühsal des Lebens
in Armut und Not.

Du hast unterm Kreuze
auf Jesus geschaut;
er hat dir den Jünger
als Sohn anvertraut.
Du Mutter der Schmerzen,
o mach uns bereit,
bei Jesus zu stehen in Kreuz
und in Leid.

Du Mutter der Gnaden,
o reich uns die Hand
auf all unsern Wegen
durchs irdische Land.
Hilf uns, deinen Kindern,
in Not und Gefahr;
mach allen, die suchen,
den Sohn offenbar.
Von Gott über Engel
und Menschen gestellt,
erfleh' uns das Heil
und den Frieden der Welt.
Du Freude der Erde,
du himmlische Zier:

Du bist voll der Gnade,
der Herr ist mit dir. (T.: 1972, M.: 1765)

Maria, Jungfrau schön!

Zu dir wir bitten gehn.
Mutter und Jungfrau rein, in jeder
Not und Pein vergiss nicht mein!
Vor deines Sohnes Thron
bitt, dass er uns verschon.
Mutter und Jungfrau ...
Du stehst für uns bereit,
Mutter der Christenheit!
Mutter und Jungfrau ...
Lass uns nicht hilflos fort,
verleih dein kräftig Wort!
Mutter und Jungfrau ...
Tu deine Hilfe kund
dem ganzen Erdenrund!
Mutter und Jungfrau ...
Durch dich bewahr uns Gott
vor Sünd und aller Not!
Mutter und Jungfrau ...
Und einstens im Gericht
verlass, verlass uns nicht!
Mutter und Jungfrau ...

Meerstern, ich dich grüße,

o Maria hilf!
Gottesmutter süße, o Maria hilf!
Maria, hilf uns allen aus unsrer
tiefen Not.

Quelle aller Freuden, o Maria hilf!
Trösterin in Leiden, o Maria hilf!
Maria, hilf uns allen ...

Rose ohne Dornen, o Maria hilf!
Du von Gott Erkorne, o Maria hilf!
Lilie ohnegleichen, o Maria hilf!
Dir die Engel weichen, o Maria hilf!
Quelle aller Freuden, o Maria hilf!
Trösterin in Leiden, o Maria hilf!
Hoch auf deinem Throne,
o Maria hilf!
Aller Jungfrau'n Krone, o Maria hilf!
Gib ein reines Leben, o Maria hilf!
Sich're Reis daneben, o Maria hilf!
Dich als Mutter zeige, o Maria hilf!
Gnädig uns zuneige, o Maria hilf!
Nimm uns in die Hände,
o Maria hilf!
Uns das Licht zuwende,
o Maria hilf!
Hilf uns Christum flehen,
o Maria hilf!
Fröhlich vor ihm stehen,
o Maria hilf!
(aus Geistliche Lieder, 1850)

Milde Königin gedenke,

wie's auf Erden unerhört,
dass zu dir ein Pilger lenke,
der verlassen wiederkehrt.

Nein, o Mutter, weit und breit
schallt's durch deiner Kinder Mitte,
dass Maria eine Bitte nicht
gewährt, ist unerhört, unerhört
in Ewigkeit.

Hast du, Mutter, deine Hilfe je verneint?

Hat man jemals eine Träne,
Mutter, dir umsonst geweint?
Nein, o Mutter ...

Mutter, Jungfrau der Jungfrauen,
sieh, ich eile hin zu dir.
Sieh, ich komme voll Vertrauen,
hilf, o Mutter, hilf auch mir!
Nein, o Mutter ...

Ach, erhöre meine Worte,
führ mich einst zu deinem Sohn,
öffne mir die Himmelspforte,
dass ich ewig bei dir wohn'.
Nein, o Mutter ...   (volkst., 19. Jh.)

Segne du, Maria,
segne mich, dein Kind,
dass ich hier den Frieden,
dort den Himmel find;
segne all mein Denken,
segne all mein Tun.
Lass in deinem Segen
Tag und Nacht mich ruhn ...
Segne du, Maria, alle, die mir lieb,
deinen Muttersegen
ihnen täglich gib.
Deine Mutterhände breit
auf alle aus;
segne alle Herzen,
segne jedes Haus ...

Segne du, Maria, jeden, der da ringt,
der in Angst und Schmerzen
dir ein Ave singt.
Reich ihm deine Hände,
dass er nicht erliegt,

dass er mutig streite,
dass er endlich siegt ...

Segne du, Maria, unsre letzte Stund.
Süße Trostesworte
sag mir dann dein Mund.
Deine Hand, die milde,
drück das Aug mir zu,
bleib im Tod und Leben unser Segen
du ...   (volkstümlich, 19. Jh.)

Stern im Lebensmeere, Mutter, sei gegrüßet,
Jungfrau, die den Himmel
selig uns aufschließet.
Mutter, wir flehen, bitt für uns und
deinem Sohn empfehle uns,
o Jungfrau, Maria.

Ave, Mutter, wende diesen Gruß
zum Glücke;
was uns Eva raubte, kehr in dir
zurücke.
Mutter, wir flehen ...

Zeige dich als Mutter,
dass bei deinem Kinde
deiner Kinder Flehen durch dich
Gnade finde.
Mutter, wir flehen ...

Wollst ein reines Leben, sichern
Weg bereiten,
dass wir Jesus schauen froh in
Ewigkeiten.
Mutter, wir flehen ...

Lob sei Gott, dem Vater, Ehre
seinem Sohne,

mit dem Heilgen Geiste eins auf ew'gem Throne.
Mutter, wir flehen ...
(volkstümlich, 19. Jh.)

Wunderschön prächtige,
hohe und mächtige, liebreich holdselige, himmlische Frau, der ich mich ewiglich weihe herzinniglich, Leib dir und Seele zu eigen vertrau! Gut, Blut und Leben will ich dir geben; alles, was immer ich hab, was ich bin, geb ich mit Freuden, Maria dir hin!

Sonnenumglänzete, Sternenbekränzete, Leuchte und Trost auf der nächtlichen Fahrt! Vor der verderblichen Makel der Sterblichen hat dich die Allmacht des Vaters bewahrt. Selige Pforte warst du dem Worte, als es vom Throne der ewigen Macht
Gnade und Rettung den Menschen gebracht.

Schuldlos Geborene, einzig Erkorene, du Gottes Tochter und Mutter und Braut, die aus der Reinen Schar Reinste wie keine war, die selbst der Herr sich zum Tempel gebaut!
Du Makellose, himmlische Rose, Krone der Erde, der Himmlischen Zier, Himmel und Erde, sie huldigen dir!

V. Das Sakrament der Krankensalbung

Für viele Kranke und Schwerkranke sind die Eucharistische Anbetung / die Sakramentsprozession/ die gemeinsame Feier der heiligen Eucharistie die spirituellen Höhepunkte der Lourdes-Wallfahrt.

Ebenso und tief berührend ist der Krankengottesdienst mit der Spendung der heiligen Krankensalbung (an der Grotte oder in einer der vielen Kapellen/Kirchen).

Das Wort der Frohbotschaft Christi spricht es uns allen zu: „Jesus zog in ganz Galiläa umher, lehrte in den Synagogen, verkündete das Evangelium vom Reich Gottes und heilte im Volk alle Krankheiten und Leiden ... Man brachte Kranke mit den verschiedensten Gebrechen und Leiden zu ihm ... und er heilte sie alle." (Mt 4,23–24)

Die Jünger Jesu sind beauftragt, in Jesu Namen und Kraft, den Leidenden und Kranken beizustehen, über sie zu beten und sie zu salben: „Ist einer von euch bedrückt, dann soll er beten. Ist einer fröhlich, dann soll er ein Loblied singen. Ist einer von euch krank, dann rufe er die Ältesten (Gemeindevorsteher) zu sich; sie sollen über ihn beten und ihn im Namen des Herrn mit Öl salben. Und das gläubige Gebet wird den Kranken retten, der Herr wird ihn aufrichten, wenn er Sünden begangen hat, werden sie ihm vergeben." (Jakobus 5,13–15; vgl. auch Mk 6,13)

Die Handauflegung und Salbung wird mit diesem Wort zugesprochen:

„Durch diese heilige Salbung helfe dir der Herr in seinem reichen Erbarmen, er stehe dir bei mit der Kraft des Heiligen Geistes: Der Herr, der dich von Sünden befreit, rette dich, in seiner Gnade richte er dich auf. Amen."

VI. Das Sakrament der versöhnenden Liebe Gottes/ Beichte

Man sagt dem modernen Menschen nach: Für ihn gäbe es keine Schuld mehr, nur noch Betriebsunfälle; für ihn gäbe es keine Sünde mehr, er lebe im Unschuldswahn. Und doch nehmen psychische Erkrankungen und die Süchte (die andere Form des Siechtums) zu. – Jesus denkt und handelt anders: Die meisten Krankenheilungen beginnt

er mit der „Lossprechung": „Deine Sünden sind dir vergeben!" Er weiß um die Ganzheit des Menschen, um das Zusammen von Leib und Seele und Geist. Dorthinein, wo unsere innerste Mitte ist, schenkt er die Erbarmung und die Versöhnung Gottes. Dort beginnt jeder Heils-Prozess. Wer sich diesem stellt, der wird den Frieden und das Neuwerden durch die Umkehr/die neue Hinkehr zu Gott und durch die Neuorientierung seines Lebens erfahren dürfen. Deshalb gehört auch heute noch zu einer lösenden und erlösenden Wallfahrt die Beichte, das Sakrament der versöhnenden Liebe Gottes. Ausdrücklich sei dazu eingeladen und ermutigt.

Vor der Beichte können wir uns fragen: Wie ist mein Leben mit mir selbst? – Wie ist mein Leben mit meinen Mitmenschen? – Wie ist mein Leben mit Gott? Dann versuchen wir unsere Selbst-Erkenntnis mit eigenen, einfachen Worten auszusprechen im Bekenntnis: Vor Gott und der Gemeinschaft der Kirche bekenne ich meine Schuld und Sünde, meine Halbherzigkeiten, mein Schuldiggebliebensein im Guten.

Dann dürfen wir die Zuwendung und das Erbarmen Gottes in Christus Jesus befreiend und dankbar erfahren:

„Gott, der barmherzige Vater, hat durch den Tod und die Auferstehung seines Sohnes die Welt mit sich versöhnt und uns den Heiligen Geist gesandt zur Vergebung der Sünden. Durch den Dienst der Kirche schenke er dir Verzeihung und Frieden.

So spreche ich dich los von deinen Sünden im Namen des Vaters und des Sohnes und des Heiligen Geistes. Amen."

Verwendete Literatur:

René Laurentin, Das Leben der Bernadette, Patmos, 1979

Alfred Läpple, Die Wunder von Lourdes, Pattloch, 1995

Patrick Dondelinger, Die Visionen der Bernadette Soubirous, Pustet, 2003

Bildnachweis:

■ **Der Wallfahrts- oder „Heiliger Bezirk"** in Lourdes grenzt ab und grenzt aus, sammelnd und wohltuend. Das Umtriebige bleibt draußen in der Stadt und auf den Geschäftsstraßen: Hier ist heiliger Ort!

Drei Zugänge führen da hinein: Das westliche Tor St. Michael, das nördliche Tor St. Joseph und das Tor an der oberen Basilika (der Unbefleckten Empfängnis).

■ **Die Gekrönte Jungfrau** (auf einem Granitblock stehend, 1876) ist der Sammelpunkt im Heiligen Bezirk, weithin sichtbar und merkbar, in der Mitte des Platzes.

■ **Das „Sanctuaires Notre Dame de Lourdes"** sind die drei Heiligtümer der ältesten und vielbesuchten Kirchen des Gnadenortes: die Rosenkranz-Basilika, die Krypta und die Basilika der Unbefleckten Empfängnis.

■ **Die Rosenkranz-Basilika** ist in der Form eines griechischen Kreuzes erbaut, im Jahr 1901 eingeweiht. In 15 Seitenkapellen sind die Geheimnisse des Freudenreichen, Schmerz-haften und Glorreichen Rosenkranzes in Mosaikbildern dargestellt. Die Fassade der Basilika ist neu ausgestattet worden mit Mosaikdarstellungen, welche die Geheimnisse des Lichtreichen Rosenkranzes zeigen.

■ **Im Bernadette-Altar** – links vor der Rosenkranz-Basilika im Freien – hat eine Reliquie der heiligen Bernadette ihren geweihten Ort gefunden.

■ **Die Krypta**, ursprünglich die von der heiligen Jungfrau erbetene Kapelle, ist oberhalb der Rosenkranz-Basilika und über der Erscheinungsgrotte auf den Felsen gebaut, bereits 1866 konsekriert. Ihr Bildschmuck: u. a. Darstellungen aus dem Leben der heiligen Seherin.
Ein Ort stillen Verweilens und persönlichen Betens.

■ **Die Basilika der Unbefleckten Empfängnis** steht auf der noch

Die Obere Basilika, über der Krypta erbaut (1866–71), von Osten her gesehen; (im Vordergrund der Fluss Gave)

Abendliche Feier vor der erleuchteten Fassade der Rosenkranz-Basilika

höheren Ebene. Ein neugotischer Bau, vom Architekten Hippolyte Durand entworfen, exakt über dem Erscheinungsort in den Jahren 1866 bis 1871 errichtet. Buntfarbene Kirchenfenster zeigen die Verkündigung des Mariendogmas durch Papst Pius IX. von 1854 und die Erscheinungen der Bernadette im Jahr 1858.

Zu jeder vollen Stunde erklingt das „Ave, ave Maria" von den Glocken des Kirchturmes.

■ **Die Esplanade** ist der „Königsweg" zwischen der Gekrönten Madonna und der Rosenkranz-Basilika.

Bei der abendlichen Lichterprozession finden sich hier Tausende von Pilgern ein.

■ **Die unterirdische Basilika Pius X.**, überwachsen von einem Grashügel, liegt südwestlich, ein paar Schritte von der „Gekrönten Jungfrau" entfernt. Architekt Pierro Vago hat sie zum hundertjährigen Jubiläum der Erscheinungen 1958 in einer Beton-Konstruktion, einem umgekehrten Schiffsrumpf gleichend, erbaut. Eingeweiht wurde sie durch Nuntius Roncalli, dem späteren Papst Johannes XXIII. Mit einer Grundfläche von 12 000 Qua-

Die unterirdische Basilika Pius X., 1958 zum 100-jährigen Lourdesjubiläum eingeweiht

dratmetern bietet sie 25 000 Menschen Platz (guter Zugang auch für Behinderte im Rollstuhl). Beeindruckend der farbstarke Glasfenster-Kreuzweg, die Darstellung der Rosenkranzgeheimnisse und der Erscheinungen von Bernadette.

■ **Die Kirche Sankt Bernadette**, am rechten Ufer der Gave, ist fast genau an jenem Platz errichtet worden, an dem die Seherin Bernadette ihre letzte Erscheinung am 16. Juli 1858 gehabt hat. Nach den Plänen von Architekt Jean-Paul Félix erbaut, licht und modern ausgestattet, 1988 geweiht, hat sie Platz für

5000 Pilger.

■ **Die Kapelle der Versöhnung** liegt gegenüber der Kirche Sankt Bernadette, auf der linken Seite der Gave. Hier ist die Gelegenheit, das Sakrament der versöhnenden Liebe Gottes zu empfangen (in der eigenen Muttersprache) und sein Leben neu zu orientieren im Geiste Jesu Christi, des Guten Hirten.

■ **Die Anbetungskapelle**, nahe den Piscinen / den Bädern, und das **Anbetungszelt**, nicht unweit davon weg, laden ein, Christus im Allerheiligsten Altarsakrament zu begegnen und ihm in glaubender Anbetung für seine Erlösung und Rettung zu danken.

■ **Der Kreuzweg** am Espélugues (er beginnt hinter der linken Esplanade und zieht sich über 1500 m hin durch ein steiles Waldstück). Wir gehen mit Jesus – ihn betend-begleitend – und bedenken und betrachten die 15 Stationen seines Leidens, Sterbens und Auferstehens. Die lebensgroßen Bronzefiguren/-gruppen sind eindrücklich: „Mit Christus auf der Seite der Liebe stehen" (P. Joh. Paul II.).

■ **Der Kreuzweg für Kranke/Behinderte**, rechts der Gave, über die Brücke erreichbar, ist leicht begehbar und befahrbar (Rollstuhlfahrer). Neu aufgestellte Stations-Darstellungen laden zum Betrachten und Beten ein.

■ **Der Kreuzweg in der Basilika Pius X.** (unterirdische Basilika), in Glasmanier, ist ausdrucksstark und mystisch in seinen Farben und in seiner Gestaltung.

■ **Die Grotte von Massabielle**, den Erscheinungsort von 1858, erreichen wir auf dem Weg, rechts vom „Sanctuaires" und links am Fluss Gave entlang. Hier ist „das Herz von Lourdes" mit der Statue der „Schönen Frau",

der „Unbefleckten Empfängnis" (als Bernadette die Figur aus Carrara-Marmor sah, sagte sie: „Sie war viel schöner!"). Hierher kommen die Pilger aus aller Welt, Gesunde und Kranke, Bittende und Dankende. Da sind sie wie eine große Familie, welche die Botschaft von Lourdes hört und an der Quelle des Heils trinkt (das Wasser der Quelle ist lt. chemischen Analysen „normales Wasser"). Bernadette sagte: „Man muss glauben und beten: Dieses Wasser hat ohne Glauben keine Wirkung."

■ **Die Piscinen/Bäder** sind rechts von der Grotte; sie bestehen aus 17 Wannen. Bei umsichtiger Betreuung wird der Badende – jedes Jahr kommen etwa 300 000 Pilger hierher – einige Sekunden ins Wasser gegeben (Wasser-Temperatur 12–14 Grad) unter Gebet und im Gedenken an die eigene Taufe. – Viele Wallfahrer nehmen vom **Pilgerbrunnen** Lourdes-Wasser mit nach Hause und stecken als Zeichen ihres Dankes und ihrer Bitte eine **Kerze** an: Mein Gebet steige zu dir empor wie Weihrauch vor dein Angesicht!

■ **In der Mühle von Boly** (Moulin de Boly) – die Wasser des Lapacca-Baches trieben das Mühlenrad an – ist Bernadette 1844 geboren worden

Krypta – die schon zu Lebzeiten Bernadettes erbaute Kirche im „Sanctuaires Notre Dame"

und arm, aber zufrieden aufgewachsen. Unweit von der Grotte ist dann der Kanal in den Gave gemündet (Die Mühle ist durch das Tor St. Michael, dann gleich rechts in der Rue Bernadette Soubirous zu erreichen).

■ **Der Cachot**, ein tristes, verdrecktes Loch, ein ehemaliger Kerker mit der Grundfläche von 4 x 4 Metern, wird der sechsköpfigen Familie Soubirous als Unterkunft angewiesen, nachdem Vater François seine Mühle finanziell nicht mehr halten konnte

(1856). Zu besichtigen in der Rue des Petits-Fossés (nicht weit weg von der Pfarrkirche Sacré coeur in der Stadtmitte von Lourdes).

■ **Die Burg**, hoch über der Stadt Lourdes, ehemals Festung, welche die Hochtäler in die Pyrenäen schützte, aus dem 11./12 Jh. mit wechselvoller Geschichte. Heute herrliche Aussichtsplattform mit Blick zu den Vorbergen (bis 950 m hoch) und zur majestätischen Bergkette der Pyrenäen. Sehenswert: das in der Burg untergebrachte Pyrenäen-Museum.

Gottesdienst-Zeiten im heiligen Bezirk

bzw. Öffnungszeiten von April bis Oktober

Eucharistiefeier in Deutsch täglich (außer mittwochs und sonntags) um 11.00 Uhr in der Kapelle Kosmas und Damian im Accueil Jean Paul II. (Gebäude rechts von der Kapelle der Versöhnung)

Internationale Eucharistiefeier mit **Krankensegnung** an jedem Mittwoch und Sonntag um 9.30 Uhr in der unterirdischen Basilika Pius X.

Eucharistische Prozession mit Krankensegnung täglich um 17 Uhr; Beginn bei der St.-Bernadette-Kirche (bei schlechtem Wetter in der unterirdischen Basilika)

Die Lichterprozession (Kerze besorgen!) täglich um 21 Uhr; Beginn an der Grotte

Beichtgelegenheit in Deutsch täglich von 9.30 bis 10.30 Uhr und von 15.30 bis 16.30 Uhr

(mittwochs und sonntags nur nachmittags) in der Kapelle der Versöhnung

Anbetung täglich 8.30–17.00 Uhr Uhr/18.00–23.00 Uhr in der Anbetungskapelle

Kreuzweg am Espélugues geöffnet täglich von 6.00 bis 19.00 Uhr

Piscinien/Bäder geöffnet täglich von 9.00 bis 11.00 Uhr und von 14.30 bis 16.00 Uhr;

sonn- und feiertags nur am Nachmittag

Forum Information (gleich rechterhand vom Tor St. Joseph)

ist Empfang und Auskunft in allen Sprachen; hier ist auch das Wallfahrts-Rektorat und das Pastoralzentrum.

Geöffnet täglich von 8.30 bis 12.30 Uhr und von 13.30 bis 18.30 Uhr.

Außerdem zu erreichen:
Telefon:
33 (0) 562 42 78 78/App. 6200
oder Fax: 33 (0) 562 42 89 54;
E-Mail:
saccueil@lourdes-france.com